TIANJIN SHUIDAO CHANYE
FAZHAN YANJIU

天津
水稻产业发展研究

齐天真 孙 蕊 李 广 等 著

中国农业出版社
北 京

图书在版编目（CIP）数据

天津水稻产业发展研究 / 齐天真等著 . —北京：
中国农业出版社，2023.6
ISBN 978 - 7 - 109 - 30775 - 9

Ⅰ.①天… Ⅱ.①齐… Ⅲ.①水稻－产业发展－研究
－天津 Ⅳ.①F326.11

中国国家版本馆 CIP 数据核字（2023）第 101195 号

中国农业出版社出版
地址：北京市朝阳区麦子店街 18 号楼
邮编：100125
责任编辑：肖 杨
版式设计：王 晨 责任校对：吴丽婷
印刷：北京中兴印刷有限公司
版次：2023 年 6 月第 1 版
印次：2023 年 6 月北京第 1 次印刷
发行：新华书店北京发行所
开本：700mm×1000mm 1/16
印张：11.25
字数：250 千字
定价：75.00 元

编写人员名单

齐天真，天津农学院经济管理学院，副教授

孙　蕊，天津外国语大学国际商学院，副教授

李　广，天津农学院经济管理学院，教授

李俊璋，天津农学院农业管理研究生

祁冰倩，天津农学院农业管理研究生

张付蝶，天津农学院农业管理研究生

目　录

第一篇　基础篇

第二篇　我国水稻与天津水稻产业篇

第四篇　对　策　篇

第一篇　基础篇

第一篇 基础知识

第一章 引 言

我国是一个有着 14 亿人口的大国，农业在国民经济中起到基础性的作用，对于众多人口的衣食住行起到了重要的保障作用。农业现代化水平是衡量一个国家农业综合生产能力的重要体现，是一个国家农村经济发展水平的重要指标，也是一个国家综合国力的重要表现之一。中国是一个人口众多的发展中国家，农业的基础性历来被提升到国家战略层面来进行定位。党的十八大以来，历年经济工作会议都把我国粮食供应安全和农业综合生产能力建设作为我国经济的基本支柱之一进行论述。同时基于当前我国粮食形势、国情和现状，新的中央领导集体确定了金融战略、能源战略、食品安全战略作为我国经济发展的三大主要战略，提出要构建生态系统修复机制，建立食品的生产基地、加工基地，为普通市民提供安全可靠的食品保障。2015 年 4 月，国务院新闻办公室新闻发布会期间，农业部副部长回答记者们的问题，指出现代农业发展是科技进步的重要体现，通过促进农业技术及农业基础设施和设备更新，实施各种各样的措施，提高农业综合生产能力，在很大程度上可以保障中国的粮食安全。根据国家发展和改革委员会估算，中国粮食综合生产能力不低于 5.4 亿吨，粮食自给率不低于 95%，才能基本满足人民生存和发展的基本需要。大米是中国 60% 以上人口的主食，长期以来，中国人习惯以大米为主食，大米口粮消费占大米消费总量的 80% 以上，人们很难把干粮变成日常主食，因此稻米在我国基本粮食体系中占据重要地位。

目前我国经济发展处于后工业化阶段，产业结构开始转型升级，农业开始从传统农业向现代农业转变，面临前所未有的挑战。首先，农业作为国家的基础性产业，在三次产业结构中比例逐年下降；农业兼业现象十分普遍，虽然我国农村新增人口数量呈现增长的趋势，但年轻一代农民工大多数倾向于在城市的各行各业工作，导致专门从事农业的人口数量急剧下降，农业生产人员主要以留守人员为主，农业兼业化、副业化趋势明显。因此从农业人力资源角度来说，我国农业普遍面临从业人员老龄化、知识结构陈旧化等问题，这与我国现代农业的发展方向相违背，因此解决土地谁来耕种的问题，在农业发展中显得尤为重要。其次，我国农业土地资源有限，工业用地侵占农业用地现象虽然得到了一定的遏制，但农地减少，土地工业污染以及农民使用农药导致的化学污染比较严重，土地肥力下降，农产品农药残留问题日益严峻。再次，我国农业传统的小农经济效益低下，农民生产积极性不高，尤其像天津这样都市郊区农户，土地资源对于农户而言，未来资本的意义要大于耕作的意义，因此对大户土地流转、连片耕种造成了一定的障碍。最后，我国农村新型农业主体发展势头良好，政府重视新型农业经营主体在农业发展中的主体地位，积极鼓励农村大户、家庭农场、农业合作社等大型农业组织健康有序发展，推动农业产业化、规模化，通过政策、法律、制度等形式积极推动农村发展现代农业，开展适度规模经营，鼓励多种形式的农业生产组织共同发展，同时积极吸引城市资本投资农业，推动城乡农业经济发展要素合理流动，推动农业经济发展。

虽然我国农业面临严峻挑战，但随着我国工业化进程的不断深入，农业现代化的步伐必然不断加快，农业产业化经营、农业服务社会化、农产品销售集团化等一系列新型农业产销模式已经在我国广大农村广泛开展，农业产业结构升级也迫在眉睫。水稻作为一种重要的经济作物，在我国日常基础粮食作物中居首位，占我国粮食总产量的40%。因此，我国水稻产业的发展与国民生活息息相关，与粮食安全的发展战略不可分割。我国政府一直高度重视粮食生产，包括水稻生产，通过出台一系列政策，投入大量资金，加强科技研发，支持和促进了水稻产业的发展。水稻产业也成为我国农业和农村经济发展的核心任务。到2030年，我国人口有可能增加到16亿人左右。为了解决耕地减少可能带来的缺乏口粮问题，必须加快高容量优质水稻的研发和推广种植，以促进水稻综合生产能力稳步增长，并间接促进相关农业综合生产能力的提高，保障我国粮食安全和社会稳定。同时随着人们生活水平的提高，健康意识也不断增强，面对近几年出现的食品安全事件，人们更加向往绿色、无公害，并且具有保健、养生功能的食品，不吝惜花费高成本来换取健康的体格。众所周知，稻米一直是我国人民传统的日常食品，2020年我国稻米消费量在1.41亿吨以上，占全球稻米总消费量的30%，稻米拥有巨大的消费需求市场。目前我国稻米消费主要以散装米为主，品牌稻米价格较高，但逐步被市场认可。从未来稻米行业发展趋势来说，小包装、品牌化稻米将获得长足的发展，一方面，人民生活水平的提高对大米的品质提出了更高的要求；另一方面，大米市场竞争激烈，产品鱼目混珠，产业链不够完善，渠道建设混乱，呈现"小、乱、杂"的发展态势。天津地区种植水稻有上千年的悠久历史，并且天津人口众多，拥有区域知名品牌小站稻，小站稻经过天津科技工作者的改良，已经在品种品质、市场开发、品牌知名度等方面取得了较大的成功，成为天津的知名品牌，小站稻产业获得了长足的发展。本书通过对天津水稻产业发展情况的梳理，可以全面研究天津水稻产业的发展脉络、产业定位、产业发展方向和具体措施，发展以小站稻为核心的天津水稻产业，推进天津农业供给侧结构性改革，对实施乡村振兴，增加农民收入具有重要意义。

第二篇　我国水稻与天津水稻产业篇

第二章　我国水稻产业发展概况

　　水稻产业包括水稻的生产、交易、存储、运输、研发等重要环节，是事关国家与人民的财富和生活的主要产业。产业链完善升级，产业整合受多种因素影响，随着水稻行业发展质量不断提升，稻米深度加工和产业的深度竞争不可避免。我国既是稻米生产大国，又是全球稻米消费大国，且消费量一直呈增长趋势，稻米市场基本保持稳定。当前稻米行业正面临着深刻的行业变革，消费者对稻米的消费结构发生很大的变化，在细分市场的竞争变得越来越激烈。一方面，我国稻米消费量从2000年的3.937亿吨增长到2019年的4.934亿吨，增长了25.3%，年均增长幅度为1.2%，从消费量占比情况来看，我国也一直占据全球稻米消费量第一的位置；另一方面，我国稻米消费量在全球的比重一直在30%左右，但是整体上来看这一比重呈下降趋势，由2000年的34.1%下降到2019年的29.4%，下降了近5个百分点，这也深刻体现了我国稻米市场发生了很大的变化，稻米消费市场向着口感更好、更加健康的方向发展，这对整个稻米种植业、加工业以及营销行业产生了重要影响，也成为稻米产业未来的重要发展方向。

一、我国水稻产业发展现状

（一）我国水稻产业概况

1. 种植面积稳定，单产不断提升

　　我国是世界上最大的稻米生产国，稻米作为民众的主粮之一，2020年种植面积为3 007.6万公顷，产量为2.12亿吨，位居世界第一。作为我国农业供给侧结构性改革的重要农产品，稻谷产业高质量发展对于我国粮食安全以及农民增收具有重要意义。我国水稻种植的种类主要包括籼稻、粳稻和糯稻三大类，其中籼稻产量约占三分之二，粳稻产量约占三分之一。我国水稻种植以中稻和一季稻为主，种植面积基本保持稳定。2000年以来，水稻种植面积稳定

在3 000万公顷左右，但随着世界水稻种植面积持续加大，我国水稻种植面积在世界中的比重每年都在下降，目前已经缩减到占世界水稻种植面积的18%～19%，水稻种植面积在粮食种植面积中的比重总体呈上升趋势。我国水稻生产呈现整体种植面积稳定、单产持续提升的发展态势。受土地资源制约，种植面积整体变化幅度不大，基本保持在3 000万公顷左右，而单产水平呈现持续提升态势。

如图2-1所示，2000—2020年，除2003年种植面积减少幅度较大（种植面积为2 651万公顷，减少幅度为6%）外，其他年份我国稻米种植面积基本保持在3 000万公顷左右，整体种植面积比较稳定。而水稻单产水平表现为持续提升趋势，由2000年的6 271.6千克/公顷，提高到2019年的7 060千克/公顷，增产幅度为12.6%。但是美国农业部统计数据显示，2020年整体单产水平略有下降，为7 050千克/公顷。整体而言，在播种面积稳定的情况下，随着水稻单产水平的不断提升，水稻总产量也呈现不断增加态势，由2000年的1.88亿吨增长到2020年的2.1亿吨，增长幅度达11.7%。

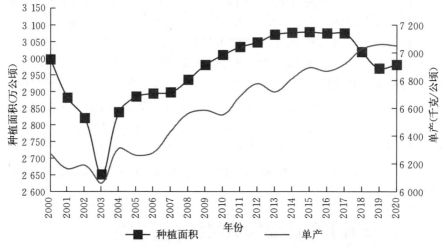

图2-1　2000—2020年我国水稻播种面积与单产

数据来源：根据国家统计局和美国农业部（USDA）数据整理所得。

注：2020年数据为美国农业部数据。

2. 水稻种植区域较为集中

水稻生产地区主要分为南、北两大稻区。东北三省是北方主要稻区，主要种植的水稻品种是粳稻；华南的广东、广西、福建，长江中下游的湖南、湖北，以及江苏和安徽是南部主要稻区，我国水稻种植面积最大的省份是湖南。2020年我国水稻种植面积约为3 000万公顷，11个主要产区的水稻总种植面积占我国总面积的80%以上，水稻生产相对集中，但种植面积分布很不均匀。

我国粳稻种植面积约为 730 万公顷，浙江、云南、安徽、江苏、黑龙江、吉林、辽宁 7 个省份的种植面积超过 630 万公顷，其余 24 个省份零星分布，种植情况呈分散的局面。我国的水稻种类分为籼稻、粳稻和糯稻，主要产区分布在东北、长江流域和珠江流域，三个品种分布于不同的区域。首先是中期籼稻，其主要分布在南方地带，北方也有少量分布，包括海南、广东、广西、湖南、湖北、云南、贵州、四川、重庆、福建、江西、浙江、江苏、安徽、陕西和河南等地。根据国家谷物和石油信息中心的统计，2020 年我国中晚籼稻产量为 1.093 亿吨。其次是粳稻，粳稻主要在三个地区种植：北方以黑龙江为中心，南方以江苏为中心，第三个地区主要在云南，其中黑龙江、河北、辽宁、江苏、浙江、安徽及云贵高原的种植面积和产量约占我国的 85%。再次是早籼稻，最初的籼稻产量约占水稻产量的六分之一，主要在南方的 13 个省份。13 个省份中，湖南、江西、广西和广东 4 个省份是全国早籼稻种植面积较大的省份，产量约在 500 万吨，1 万吨以上的省份种植面积占全国的 80%，这对我国早籼稻种植区域的总体状况有决定作用。新冠疫情暴发后，为确保粮食安全稳定生产，我国增大对水稻种植行业的扶持力度，落地多项政策来支持水稻行业发展，其中包括强农惠农、水稻种植补贴、粮食最低收购价。2020 年双季稻种植面积比上年增长 756 万亩*，增长 5.3%，是水稻种植范围扩大的主要原因。

3. 产量不断增长，主要集中于主产区

自 1949 年以来，我国稻米产量一直在稳步增长，1970 年超过 1 亿吨，1997 年超过 2 亿吨，2020 年水稻总产量为 2.118 6 亿吨。在此期间，产量虽然下降，但大米总产量超过 2 亿吨，满足我国粮食生产自给自足的需求。自 1976 年以来，我国的水稻种植面积已逐渐减少，但总产量保持了连续增长的趋势，主要是由于科技投入，单产不断提高，其中中期水稻和单季水稻产量最为突出，达到了我国总产量的一半以上，在确保粮食安全方面发挥了关键作用。此外，我国是世界上第一个使用水稻杂交技术的国家，与发达国家相比，我国的水稻种植技术处于领先地位，但在种植条件和农业组织方面却落后于美国和日本等发达国家，目前我国水稻种植面积和产量稳步增长，实现了"持续十五年丰收"。从我国稻米生产情况来看，东北三省及湖南、湖北、广东、广西、江苏、江西、安徽、四川等省份是我国稻米主要生产地区。从产量上看，2000—2019 年，前十大稻米产量省份的稻米产量在我国总产量中的比重一直保持在 75% 以上，且近年来呈不断上升态势，尤其是自 2011 年以来，十大稻米产量省份比重一直保持在 80% 以上。其中，黑龙江、湖南、江西等省一直

---

* 亩为非法定计量单位，15 亩＝1 公顷。——编者注

以来是我国稻米主要生产大省，尤其是黑龙江和湖南两省稻米产量占十大稻米生产地区总产量的20％以上（图2-2）。

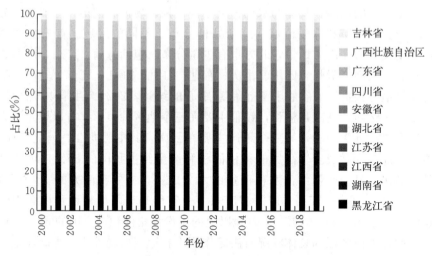

图2-2　2000—2019年我国十大稻米生产地区分布

数据来源：国家统计局数据库。

从生产变化情况来看，2000—2019年，前十大稻米产量省份的稻米总产量呈持续增长态势，由2000年的1.41亿吨增长到2019年的1.70亿吨，增长幅度为20.6％，远大于同期全国增长幅度（11.6％）。另外，从其产量占全国总产量的比重变化情况来看，十大稻米产量省份整体产量比重也呈持续提升态势，由2000年的75.1％提高到2019年的81.0％，提升了近6个百分点（图2-3）。

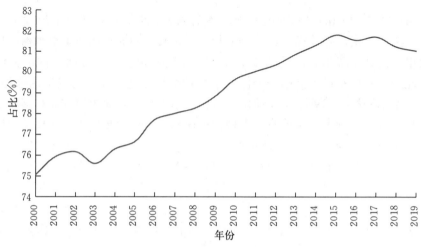

图2-3　2000—2019年我国十大稻米生产地区产量占比

数据来源：根据国家统计局数据计算所得。

从稻米种植面积来看，前十大稻米种植省份中除云南省取代了吉林省成为第十大稻米种植省份外，其他九大省份没有变化。2000—2019 年，前十大稻米种植省份的种植面积在我国总种植面积中所占的比重一直保持在 75% 以上，且近年来呈不断上升态势，尤其是自 2010 年以来，十大稻米种植省份比重一直保持在 80% 以上。其中，湖南种植面积较大，其种植面积占十大稻米种植省份的 15% 以上（图 2-4），而黑龙江种植面积呈现明显的逐年扩大趋势，由 2000 年的 160.6 万公顷增加到 2019 年的 381.3 万公顷，增长了 1.37 倍之多。

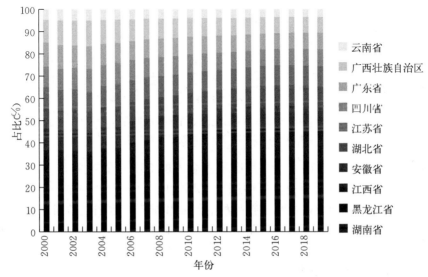

图 2-4　2000—2019 年我国十大稻米种植地区分布

数据来源：国家统计局数据库。

从种植面积变化情况来看，2000—2019 年，十大稻米种植省份的总种植面积基本上呈持续扩大态势。十大稻米种植省份种植面积由 2000 年的 2 273.6 万公顷增加到 2019 年的 2 421.2 万公顷，增加幅度为 6.5%。另外，从其占全国总种植面积的比重变化情况来看，十大稻米产量省份整体种植面积比重也呈持续提升态势，由 2000 年的 75.9% 提高到 2019 年的 81.6%，提升了 5.7 个百分点（图 2-5）。

（二）我国水稻产业发展特点

1. 水稻生产主要集中在传统作业区

我国水稻主产区主要分布在华北、华东、华中平原，主要为黑龙江、江苏、湖南、湖北、江西、四川和安徽，这 7 个省份就占了国内水稻产量六成以上。其中粳稻面积和产量占全国粳稻的 60% 以上。湖南、四川、湖北、江西

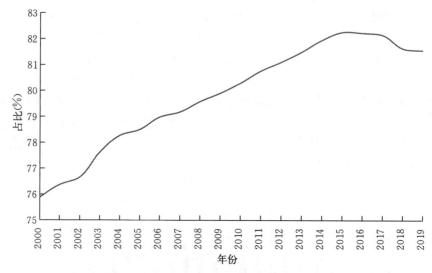

图 2-5　2000—2019 年我国十大稻米种植地区面积占比

数据来源：根据国家统计局数据计算所得。

4 个省份以种植中晚籼稻为主，其产量占全国的 55%。这些省份一般水源充足，有种植水稻的悠久历史，新中国成立后，国家出台政策扶持当地水稻生产，集中大量人力物力进行水稻新品种的研发和推广，水稻也是当地人的主食和其他重要食品的原料，水稻产业的集中为国家进行水稻产业全产业链创新提供了良好的外部环境。

2. 种业科技创新加速

我国水稻生产大省都设有水稻研究所，水稻种业研究一直处于国际领先地位。我国水稻品种检测手段多样化，认证品种数量每年都有显著增加，选育品种不断丰富，优质水稻选育栽培水平快速提高。如图 2-6 所示，2020 年，国

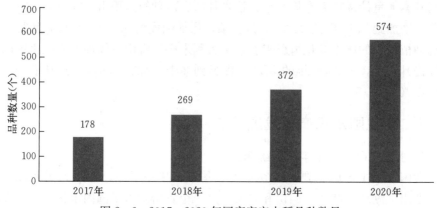

图 2-6　2017—2020 年国家审定水稻品种数量

家批准的水稻品种达到 574 个，审定品种数量每年都有大幅度增长，我国水稻种植由高产品种向高产专用品种转变，各地根据自然条件和市场需求进行专门化生产，这大大促进了我国水稻品种结构进一步优化，也极大地丰富了我国制种育种的经验。

当前我国审定水稻品种的总体优质率已经超过五成，但受杂交水稻种植面积减少和水稻价格、库存等市场方面因素的影响，近年来杂交制种产量继续下降，未来制种将向着品质和产量相结合的方向发展。

3. 市场价格保持稳定，优质稻米销路扩大

由于国家收储制度和补贴制度支持，稻农生产积极性持续增强，2020 年早籼米和中晚籼米每 50 千克比 2019 年提高 1 元，粳米价格保持不变。在新冠疫情背景下，稻谷主产区最低收购价格有所提高，保持中晚籼稻价格力度略有加大，稻米价格保持稳定对于稳定粮食生产，特别是在主产区受自然因素影响产量出现波动时保持稻米市场稳定具有重要意义。同时需求端对于食味米、专用稻的需求强劲，呈现需求旺盛、销路好、价格高的优势。一方面优质稻米的收储价格不断上涨，另一方面居民对优质稻米需求旺盛，因此引导农民生产适销对路的产品，创新稻米种植品种和种植模式就显得尤为重要。目前国内优质稻米的价格优势明显，如黑龙江五常稻花香稻米超市单价已经在 10 元/千克左右，市场认可度高，各地政府都在积极与农户对接，加大优质订单对接收购力度，进行优质稻米评鉴活动，开展优质稻米展销活动，推动全社会形成优质稻米消费的良好市场氛围。

4. 稳定单产水平，开发绿色技术

随着国家水稻高标准农田建设以及高效节水灌溉技术推广，水稻生产受外部环境因素影响将逐步减小，水稻单产水平逐步稳定，但由于水稻种植更多向着种养结合以及直播等轻简化方向快速发展，水稻生产在土地集中，规模化种植后必然向着高中端优质稻和专用稻方向发展，这将进一步压缩杂交水稻种植面积，不利于单产的持续提升。同时国家推出水稻标准化绿色基地建设项目，继续在水稻种植中推广化肥减量增效的发展模式，控制农药使用量，推荐绿色高质高效生产模式，打造全过程社会化服务，引导水稻产业实现全链条绿色生产，藏粮于技，创造精准轻简化绿色增产模式，提高资源协同利用效率，推行定额施肥、绿色防控和绿色种植制度，构建完善的绿色技术体系。

二、我国水稻产业发展面临的问题

（一）产业组织需要不断发展完善

水稻产业的发展要依靠强大的产业组织，单个农户要完成稻米生产、贸

易、加工、物流、研发等环节是不现实的，因此成立以农户为核心的水稻产业组织，逐步完善组织的架构、融资渠道以及分工合作，打通生产、服务和市场的壁垒，对于推动水稻产业发展具有重要意义。当前国内稻米生产、流通和加工企业普遍存在"小、散、弱"的状况，水稻产量不稳定，加工质量、销售渠道等方面都存在较大的不确定性，只有打通水稻种植、流通、融资、加工等各个环节，建立跨行业组织，采用协会制、集团化发展模式，才能逐步增强农户抵抗自然和市场风险的能力。因此需要调整稻米生产结构，提升稻米产业效益，吸引城市资本进入稻米产业；加大水稻产业科技扶持力度，推广优质品种和种养结合的新型发展模式，大力发展订单农业。这些措施的落地都离不开产业组织的合作，因此搭建水稻产业上下游产业组织，走稻米深加工之路，从原来数量扩张、价格竞争向质量化、差异化转型是我国水稻产业组织发展的目标。

（二）外部消费市场变化较快

当前我国稻米消费市场发生着深刻的变化，稻米消费者个性化、多样化需求越来越明显，普通稻米具有一定的公益属性，价格常年保持稳定，主要依靠产量的增加获得收益，利润增长空间狭小；高端食味米、有机米等优质稻米存在产量低、价格高、市场竞争混乱等诸多问题，因此外部消费市场的变化使得稻米生产面临挑战。当前水稻种植的问题不仅仅是种植技术问题，更多的是渠道拓展、品牌推广等系统性问题，充分发挥"稻田＋养殖模式""稻田＋观光"等新型发展模式的优势，在保障产量的基础上增加稻米附加值，采用产业融合发展模式提升稻米产业附加值成为未来稻米产业创新、突破消费瓶颈的重要方法之一。

（三）其他严峻挑战

我国土地广阔，各水稻主产区产业发展水平不一致，产业内部发展不平衡，存在着一系列问题，主要表现在如下方面：

1. 水稻种植成本在不断增加

近几年受内外部经济环境影响，水稻种植的人工成本、农药化肥成本、机械成本都出现了小幅度上升，根据国家统计局数据计算，2020年早稻亩均生产成本1230.24元，同比上涨2.2%，晚稻亩均生产成本1256.36元，同比上涨4.12%，而稻谷销售价格保持稳定，水稻产业面临比较严重的成本收益问题，在土地租金和劳动力价格连年上涨、增收日益困难背景下出现了水稻种植户水田改旱田、退租、抛荒等现象。从国家层面来说，我国水稻产业面临既要保障粮食安全，又要保护农民种植积极性，保持水稻种植面积的两难选择。

2. 农药化肥污染较为严重

我国农业发展正面临从粗放经营向集约化经营转变，农药和化肥使用量在世界居于前列，2020年我国平均化肥使用量21.9千克，高于世界平均水平，虽然我国已经连续三年实现了农药使用量负增长，化肥使用量零增长，农药化肥使用量偏高的现实依然存在。化肥农药高利用率是多项技术集成的结果，需要集成推广配方施肥、机械施肥、种肥同播、水肥一体化等新技术，需要绿色防控与农药防控相结合的防控方法，需要农户思想上、经济上达到一致，因此推动机制创新，培育专业社会化服务体系就显得尤为重要。

3. 优质稻米供给量较低

当前稻米产量较为充足，国外进口稻米价格相对便宜，国内库存充足，稻米供应总量充足可控。近年来我国优质水稻种植面积持续增长，普通水稻品种种植率仍居高不下，每年都需要采取稻米收储制度来稳定市场，农户对于自己创建品牌、开拓市场显得手足无措。另一方面主要原因是普通水稻种植易管理且产量高，并且有最低购买价格来支持购买价格，可以获得比较稳定的收入来源，因此在消费市场上普通大米占据着居民消费的主流，优质大米占比偏低。食味米、保健米和加工专用米市场处于快速发展中，但优质稻米产量低，投资金额大，田间管理难度大，市场对于优质稻米的认可存在不确定性因素，最低购买价格通常与普通大米基本相同等，因此改变农户重数量、轻质量的现状，走品牌化、渠道化、集团化的发展道路，还有很长的一段路要走。

4. 水稻种植机械化推广还有很长路要走

虽然我国初步建立了农业技术推广体系，但适宜机插、直播、再生稻等轻简化生产的品种和技术储备仍然不足，在高效植保、精准施肥、烘干等方面机械设备短缺。一方面由于农户种植规模、资金、操作技能等方面对于拥有农业机械的需求存在很大差异；另一方面当前提供农机服务的农机合作社、农机大户、跨区农机作业组织等只能完成普通的农业作业任务，不能对个别农户的农机需求做出有效反应。近年来我国大力开展农机补贴、农机下乡，但我国土地广阔，地形地貌和气候存在很大的差异，具有本地域适用性的小型机械发展缓慢；同时农户对农业机械的使用、维修、保养等方面技能普遍缺乏，水稻机械种植主要依靠外部合作组织完成，对于农业机械化研发和推广兴趣不大；再就是农机价格较高，让很多农户感到遥不可及，农户将有限的资源主要用在种植上，这使得我国水稻农业机械精准化、普及化发展还需要政策、制度、产业等多方面的协调发展。

5. 我国是一个淡水资源短缺的国家，劳动力老龄化和生产成本的不断增加使得水稻增粮与增收矛盾日益突出

研究表明水稻生长期间平均夜间最低温度每增高1℃，水稻产量将下降

10％，同时全球气候变暖还将导致水稻的各种病虫害呈现增加的态势，因此我国水稻产业面临稳增长、资源约束性增加、强灾害性气候、病虫害多发、比较效益偏低等发展环境，提升水稻产业产出效率，实现产业自给自足一方面要依靠产业体系综合发展能力的提升，另一方面需要利用通畅的国际市场有效弥补国内市场的不足。2022年农村经济会议提出要将保种植面积和粮食供给作为考核地方政府的重要指标，未来要继续加大水稻产业财政投入，提高产业发展的机械化水平；依靠科技进步为水稻产业发展提供可持续支撑；培育龙头企业，提高产业发展的市场竞争能力；大力发展水稻专业合作组织，提高产业的协同发展能力。

三、我国水稻产业发展趋势展望

（一）水稻种植逐步规模化

规模化是提升农业生产效率的重要手段，也是在种植技术不断发展和劳动力成本上升的背景下，提升水稻种植效益的重要方法。随着农户大规模水稻种植的经验效果越来越丰富，在国家政策支持下，大规模土地转让、标准化农田建设以及新型农业产业组织的发展，使规模化种植成为水稻产业的重要发展趋势。在未来，以农业合作社和家庭农场为中心的大规模水稻种植将在中国蓬勃发展，规模化种植一方面有利于推进机械化生产，提高效率，减少水稻作物损失，提高种植效益，有利于采用标准化生产，帮助提升优质大米品质，建立可追溯性绿色生产系统；另一方面有利于为种植者降低成本，并减少污染，为实现一站式大米的生产和销售提供条件。

（二）绿色水稻种植将成为趋势

随着人们生活水平不断提升，对稻米不仅仅在口味上不断提出要求，在绿色安全方面也提出更高的要求。目前市场上优质、营养丰富且无污染的绿色有机大米的需求持续增长，成为绿色种植的重要推手。另一方面绿色种植技术也在不断普及化，如土壤测定、科学肥料、有机肥料的推广、生物农药和高效低毒农药的选择，植物病虫害绿色防治等技术也已成熟，为促进绿色水稻栽培提供了技术条件。降低化肥使用量和农药使用量已经成为未来水稻种植业发展的一个重要方案，国家高度重视，采取措施加快推进化肥减量提效、农药减量控害相关技术研发和推广，未来绿色生态水稻种植是我国水稻产业发展的重要方向。

（三）发展深加工是提升水稻产业的重要基础

初级产品很难赋予高价值，稻米深加工可以提高企业的竞争力并增加经济效益。国外相关数据研究表明，稻米深加工后其价值是大米本身的 5～10 倍。一方面稻米深加工可以开发新的市场需求，增加稻米价值，如速食自热米饭。年轻人喜欢速食米饭，通过多种方法加热食用，能作为便当盒，也满足了年轻人多种口味的需求。另一方面开发稻米的其他附加价值。例如，将米糠作为燃料，我国米糠每年产量在两千万吨以上，可以替代煤发电 200 亿千瓦·时，减少二氧化硫排放量；也可以用米糠榨油，可生产米糠油 220 万吨以上。此外，积极开发大米副产品，提高大米产量，减少大米营养流失，加快开发稻米副产品，如制成米粉、淀粉、啤酒、味精等，可以极大丰富稻米副产品的应用，也大大增加稻米的附加价值。

（四）产销一体化是水稻营销发展的方向

一方面我国大米加工商和贸易商普遍存在"小、散、弱"情况，粮源难以保持稳定，产品质量难以稳定；另一方面我国水稻种植户大多数分散经营，对市场运行规律不了解，抗风险能力弱，资金规模有限，不能形成稳定的生产销售体系，很难有精力进行优质品种的研发和种植。当前所采用的"公司＋农户"的合作模式可以解决一部分稻农生产和销售的问题，但对于其他分散稻农来说，与营销渠道深度结合才能解决水稻产业"最后一公里"问题。构建以龙头企业、生产加工商、贸易商为主体的产销一体化发展模式，能从根本上解决稻农市场竞争力和抗风险能力问题，因此未来水稻产业主体属于那些懂种植、会创新、懂市场的产销一体化组织。

（五）小包装化、品牌化发展是解决水稻销售问题的关键

品牌代表的是一种形象，给顾客带来一种信任感。品牌大米在市场中不仅可以得到顾客的青睐，也可以得到较好的经济效益，竞争优势十分明显。目前政府和企业正在积极创新稻米品牌，加大建设力度。龙头企业要建立口碑，以促进管理和产品质量的改善并增强市场竞争力。同时网络营销的兴起，使得顾客购买模式发生了很大的变化，量小而高质量的中高端稻米的市场不断扩大，顾客对精致小包装米需求大，对普通大米的需求日益下降，这就推动了包装精致稻米市场的发展。随着小包装大米越来越受到年轻消费者的喜爱，小包装大米已经是一个非常普遍的趋势，散装大米的市场销量正在缓慢下滑，品牌时代的到来，也会使大米的包装不断变小、变精致。

（六）政策性库存下降和智慧物流时代到来

目前我国稻米收储制度可以有效减小市场价格波动的风险，但在仓库容量和资金承受巨大压力的情况下，去库存化将是不可避免的选择。一方面要大力

种植优质稻米，满足社会需求，减少普通稻米种植并减少临时储存稻谷的采购。另一方面要构建大米品牌，制定严格的生产标准，同时积极采取措施增加粮食仓储面积，积极引入社会仓储活动。可以通过将年限长、品质低的大米转化为饲料粮，对国内品牌稻米进行出口等，提升仓储效率和效益。同时数字化社会的到来也带动了稻米智慧物流时代的到来，依托现代物联网技术，将大米的采购、储存、运输、加工、通信和物理监控系统模块化和简化，使得稻米物流更加高效便捷，同时加快智慧粮仓建设，将稻米日常种植过程管理纳入智慧物流体系中，采用智能化设备，动态监测稻田水分、苗木、虫害和灾害，并利用数据支持科学种植，确保从水稻播种到收割、质量验收、包装、入库等全过程的可追溯性，确保产品质量。通过全流程智能化回溯系统，打造优质品牌，提升优质稻米价值，生产以销售为导向，以满足多样化、个性化的客户需求。

第三章　天津粮食生产与水稻产业

一、天津地区粮食安全

保障国家粮食安全是一个永恒课题，任何时候这根弦都不能松。天津市属于粮食主销区，自产粮食不足消费的三分之一，所需粮源的七成以上需要通过市外调入和进口来弥补。2015 年，天津市农委农机办将"三夏"农机化作业作为重点工作，保障粮食安全，促进农民增收。2016 年为认真贯彻落实《国务院关于建立健全粮食安全省长责任制的若干意见》，确保粮食安全，天津市及各县（区）人民政府承担保障全市粮食安全的主体责任。2020 年天津市高度重视粮食生产，进一步提高农民生产的积极性，提出"耕地不浪费一分，大棚不浪费一座，鱼池不浪费一坑"的原则，在全市各县（区）10 万亩荒地和林下种粮可享受粮食增量补贴，高标准农田每亩享受补贴 4 000 元，能种尽种，确保粮食生产，为实现粮食安全打下坚实基础。然而随着粮食生产受自然条件的制约、消费不断增长以及粮食供需波动性的影响，天津市保持粮食供需平衡的难度增加。2021 年天津市委、市政府为保障粮食安全，保持补贴政策连续性、稳定性，出台系列惠农政策，包括各项种粮补贴政策，继续对种植粮食给予扶持。并结合全市农业生产实际，对补贴工作进一步规范，切实保护和提高了粮食生产收益，农民种粮的积极性不断提高，粮食生产得到稳定发展，粮食安全得以保障。可见在粮食安全这一问题上，天津市是极其重视的，下文将针对天津地区粮食安全的现状及存在的问题进行分析。

（一）天津地区粮食安全现状

近年来，市委、市政府高度重视粮食生产，为保护和提高粮食生产收益与农民种粮积极性，制定并出台系列政策且及时足额拨付各项种粮补贴，使粮食生产得到稳定发展，粮食产量稳步提升（图 3 - 1、图 3 - 2），由 2015 年的184.48 万吨增长至 2020 年的 228 万吨，5 年的时间增长 43.52 万吨。居民家庭人均粮食消费量由 2015 年的 127.4 千克下降至 2020 年的 111.1 千克。可见经济的发展促使居民更加理性客观地进行粮食消费，一定程度上有利于粮食的节约，而不是像过去追求温饱那样，如今大多数居民转向品质消费，注重自身及家人的健康，在饮食方面也比较节制，所以带来了粮食消费量不同程度的下降，居民人均消费支出由 2015 年的 24 162.5 元增长至 2020 年的 28 461.4 元。由图 3-2 可知，近些年城镇和农村居民的消费差距逐渐拉大。其中城镇居民人均食品消费量由 2015 年的 114.4 千克下降至 2019 年的 106.1 千克，农村居民人均食品消费量由 2015 年的 143.2 千克增长至 2019 年的 158.2 千克，可以发现城镇的人均食品消费量有所下降，而农村居民的人均食品消费量有所上升。

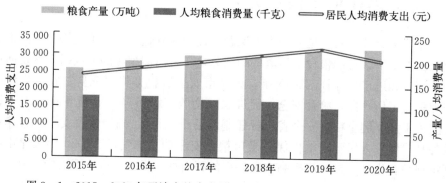

图 3-1　2015—2020 年天津市粮食产量、粮食消费量以及居民人均消费支出

图 3-2　2015—2019 年天津市城镇、农村居民人均食品消费量

1. 粮食生产与消费

天津市作为我国四大直辖市之一，其经济发展相对我国其他地区而言较为快速，人口也较为密集。消费结构升级，2015 年全市人均粮食消费量 127.4 千克，2018 年下降至 118.3 千克，到 2020 年再次下降至 111.1 千克，2015—

2020 年的降幅为 13％。随着外来人口的逐渐涌入和生活消费水平的不断提高，预测自产粮食难以满足粮食消费量，绝大部分粮源需靠天津市以外地区调入或者进口弥补，对外依存度较高，粮食消费量在未来将保持增长态势。图 3 - 3 显示，最近几年粮食播种面积呈现下降趋势，由 2015 年的 35.21 万公顷下降到 2019 年的 33.93 万公顷。粮食产量由 2015 年的 184.48 万吨增加到 2019 年的 223.25 万吨，波动幅度较小，从侧面也说明粮食播种面积下降的同时，粮食产量并未出现大幅下降，因此天津市粮食生产较为稳定。

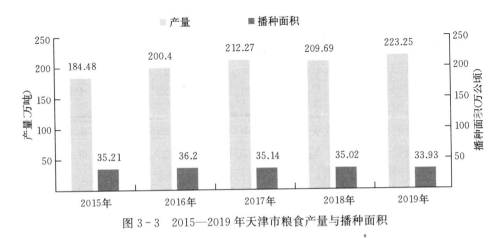

图 3 - 3　2015—2019 年天津市粮食产量与播种面积

2. 粮食政策制定与实施

根据国务院第 52 次常务会议关于增加地方粮食储备的精神，天津市各地区粮食储备规模也不断扩大，其中中储粮（天津）仓储物流有限公司也在进一步扩大其仓容规模，更新科技储粮技术和设施设备，将有效提升其服务保障京津冀地区粮食安全能力，并且会成为京津冀地区规模最大的浅圆仓群。

3. 粮源利益机制有效链接

天津市粮食流通畅通，由于天津市粮食消费量远远大于粮食生产量，因此为了保证本地区的居民粮食消费，天津市着眼于京津冀协同发展，主动对接东北粮食主产省，加强粮食仓储物流基础设施建设，按照国家级粮食物流园区的标准，加强粮食产业基地和产业园区建设，推动粮食产业集群发展。

4. 粮食应急保障体系健全

按照《天津市粮食应急预案》的总体要求，依据《天津市"粮安工程"建设规划（2013—2020 年）》，初步建立了以粮食储备为基础，以应急加工企业、供应网点和储运中心、配送中心为支撑，以监测预警网络为保障的梯次应对、生熟结合、运转高效、保障有力的粮食应急供应保障体系，确保了在发生各种自然灾害及突发公共事件等应急状态下有粮可用、有粮可调。2018 年天津市粮食局大力推进粮食应急供应保障体系建设，调整充实粮食应急供应网点，加大核查力度，加强规范化管理，进一步提高粮食应急供应保障能力。2020年新冠疫情的到来更是体现了粮食应急体系建设对于保障粮食安全的重要意义。把粮食市场监测预警工作放在首要位置，提高应对突发事件的意识，认真落实《天津市人民政府关于全面落实粮食安全省长责任制的实施意见》，确保储备粮数量真实、质量良好、储存安全、调用高效。

（二）天津地区粮食安全存在的问题

1. 粮食需求量大，对外依存度高

当前，耕地非农化加速、水资源短缺、农业基础设施建设滞后等对天津市粮食稳定发展的约束日益突出。天津市自2015年起按照减粮、增菜、增林果、增水产品的"一减三增"总体思路，大力实施农业结构优化调整。天津市辖区面积小，耕地资源有限，且农户普遍种植积极性不高，这种情况下，就会造成粮食生产与消费脱节，未来天津市粮食生产占消费量的比例将大有缩减，天津市人口生存消费所需粮源，将绝大部分需要从市外调入和进口，对外依赖显著，且国内和国际粮食供求、价格变化对天津市粮食安全造成影响。

2. 利益链接关系不够稳固

天津市粮食储备、购销与主要产粮区没有形成稳固长效的利益链接机制，政策扶持没有跟上，合作形式单一，社会化、市场化程度低，联合经营体少，偏重于传统交易。

3. 粮食产业精深加工能力欠缺

粮食深加工是粮食产业发展的必由之路，结合产业转型升级，对于高能耗、低水平、粗放式的落后粮食加工产能要加快淘汰；对于长期亏损、资产负债率高、停产半停产的粮食企业要加快兼并重组。目前，天津市粮食产业呈现油脂加工蓬勃发展、稻谷加工整体偏弱、小麦加工保持稳定的不均衡发展态势，且部分加工企业存在规模小、装备差、技术水平低、原料缺乏、生产成本高等问题，导致加工产业整体效益偏低。如天津市稻谷加工企业整体规模小、散、弱，且缺乏知名品牌，加上受到近几年粮食市场"稻强米弱"形势影响，普遍开工不足，盈利水平低。

4. 粮食应急体制机制亟须健全

作为应急保障物质基础的成品粮储备在管理机制上有所僵化，应急预案体系尚不健全，加上部分地区仓储设施陈旧老化、应急效果较差，重要粮食应急物资产能保障不充分、区域布局不协调，各类应急资源统筹工作亟须加强。一方面，目前天津市成品粮储备分为静态和动态两种储存方式，但这两种方式在运行上均遇到瓶颈。另一方面，资金缺乏成为最大限制因素，缺乏资金保障很

难建立起粮食应急加工、供应、储存、运输等体系。

二、天津地区水稻生产

水稻作为我国主要粮食作物之一，在中国粮食安全中的作用不可替代。近年来，天津市粮食生产保持较好发展势头，粮食总产量连续三年达到 200 万吨以上；粮食自给率一直稳定在 30% 左右，在全国粮食主销区中保持较高水平。水稻作为天津的主要粮食作物，2020 年种植面积已突破 80 万亩，水稻平均亩产为 626.7 千克，与上年基本持平，受种植面积大幅增长影响，总产量达50.2 万吨（表 3-1），同比增长 17.1%。抓好水稻生产对于确保天津市粮食生产安全、增加农民收入和提高人民生活水平具有十分重要的意义。天津市作为粮食主销区，保障全市粮食安全任务繁重。为进一步促进天津市水稻产业持续健康发展，以大津市水稻育种为主要抓手，探索水稻全产业链发展路径。未来，天津市也将立足全国、放眼世界，打造天津市特色优势的水稻产业，为保障我国和天津市粮食安全贡献力量。那么如何做才能更好地将天津地区水稻产业与粮食安全相联系？本研究将从天津市粮食生产、流通、消费等具体环节着手。

表 3-1 2020 年天津市粮食种植面积、单位面积产量及总产量状况

种类	种植面积（万公顷）	单位面积产量（千克/公顷）	总产量（万吨）
粮食	35.03	6 515.7	228.2
1. 谷物	34.44	6 572.6	226.4
玉米	17.89	6 133.3	109.7
稻谷	5.34	9 400.8	50.2
小麦	10.40	6 046.9	62.9
2. 豆类	0.44	2 036.8	0.9
3. 薯类	0.15	6 588.0	1.0

（一）生产环节

1. 种业安全

党的十八大以来，种源安全被提升到关系国家安全的战略高度。种业作为粮食产业链上游的关键链条，在确保粮食安全中的作用举足轻重。当前，我国种业发展已进入以自主创新为驱动力的新发展阶段，不仅要努力保持水稻、小麦等优势品种竞争力，缩小玉米、大豆等品种与国际先进水平的差距，加快少

数依赖型品种选育，同时，还应打通生产、加工、销售、技术服务等环节，促进产学研用结合、育繁推一体化，完善种业产业链。一直以来，天津市高度重视种业工作，为做强做优本市现代种业，做大做强重点科研单位，培育壮大种业龙头企业，天津市正在高水平谋划制定未来十年《天津市种业振兴行动实施方案》。紧紧围绕实施乡村振兴战略，以农业供给侧结构性改革为主线，深化种业体制机制改革，强化种业科技自主创新，加快发展现代种业，培育出一大批具有显著竞争力的优质新品种，为保障国家粮食安全作出重要贡献。主要成果如"津原 89""金粳 818""天隆优 619"等系列品种在华北、东北及长江中下游粳稻区具有较强竞争优势。"天隆优 619"连获三届全国优质稻品种食味品鉴金奖，"津稻 9618"荣获 2019 年全国优质稻品种食味品鉴金奖，"金稻919"获得 2019 年"第七届全国优良食味粳稻品评"一等奖，"津原 U99"荣获 2020 年中国绿色食品博览会金奖。2021 年为切实做好国家农业种质资源保护单位确定工作，天津市农业农村委确定了第一批农业种质资源保护单位（表 3-2），以此更好地确保农业种质资源数量不减少、质量不降低、交流顺畅、运转高效，落实农业种质资源保护主体责任，这就在一定程度上保证了水稻种质资源的安全可靠性。"十四五"时期，天津将充分利用在海南建成的天津南繁育种基地，全面开展南繁北育，缩短育种周期，让小站稻产量更高，品质更优，造福全国稻农。进一步把种源自主可控、技术自强自立摆在农业农村现代化的突出位置，把种业科技攻关列为农业科技攻关的重点任务。打好种业翻身仗，集中资源和力量，集中攻关、集中突破，相信天津种业在政府支持、科研院所的参与下会继续走在全国前列。

表 3-2　第一批农作物种质资源保护单位名单

保护单位名称	依托单位
天津市蔬菜种质资源库	天津市农业科学院蔬菜所
天津市果树种质资源圃	天津市农业科学院果树研究所
天津市水稻小麦玉米种质资源库	天津市农科院农作物研究所
天津市绿丰黄瓜种质资源库	天津市绿丰园艺新技术开发有限公司
天津市黄瓜种质资源库	天津市农科院黄瓜研究所
天津市德瑞特黄瓜甜瓜种质资源库	天津德瑞特种业有限公司
天津市惠尔稼花椰菜青花菜种质资源库	天津惠尔稼种业科技有限公司
天津市中天大地玉米种质资源库	天津中天大地科技有限公司
天津市耕耘种业蔬菜种质资源库	天津市耕耘种业股份有限公司
天津市水稻种质资源库	天津市优质农产品开发示范中心

2. 产能安全

天津市全面落实各项种粮补贴政策，激发农户多种粮、种好粮的积极性，目的是搞好粮食生产，确保粮食安全。且各级农业农村部门和涉农区把保证粮食安全放在突出位置，毫不放松抓好粮食生产，超额完成粮食生产任务。各级农业农村部门和涉农区全面履行优秀品种及绿色生产方式，积极兴建高规范农田，做好病虫害统防统治，为粮食丰收奠定坚实基础。继续加强粮食生产能力建设。天津市各级农业农村部门紧紧围绕"创建粮食作物绿色高质高效示范区，履行绿色安全生产方式"义务，聚焦小站稻和强筋麦两大优质口粮，在市优质农产品开发示范中心、中化现代农业有限公司天津技巧服务中心、天津农垦小站稻产业发展有限公司和蓟州农业发展服务中心，创建4个粮食作物绿色高质高效示范区，创建面积7万亩。每个示范区集成履行1套绿色高质高效技巧方式，示范区内亩节本增效程度达5%以上，完成示范区粮食作物绿色安全生产，带动天津市粮食作物生产转型升级和高质量发展，推动水稻生产优质、高产、高效发展。

3. 结构安全

根据《全国种植业结构调整规划（2016—2020年）》意见，我国种植业结构调整的目标，主要是"两保、三稳、两协调"，主要是为了适应农业发展的新趋势，构建生产结构与消费结构相适应的供销体系。近年来，天津粮食作物结构以小麦、水稻、玉米三种作物为主，其中2020年天津粮食播种面积525.3万亩，总产228.2万吨。天津市粮食作物布局大体上可以分为三个区：一是北部粮食高产区，主要以小麦和玉米两茬平播为主，小麦和玉米的面积占全市的三分之二以上，总产占全市的四分之三左右。二是东部水稻生产区，面积和产量占全市的70%。三是南部旱作粮食生产区，是豆类、杂粮作物的主要产地。由于政策导向和市场原因，天津水稻和马铃薯的种植面积增长较快，而杂粮、绿豆、红小豆及其他豆类等粮食作物的种植面积和产量占粮食总播种面积和产量的比例很小，如表3-3所示，2007—2020年种植面积的比例不足1.7%，其产量的比例不足1%。同时根据对天津东宇顺等加工企业的调研，企业对杂粮、绿豆、红小豆及其他豆类等粮食作物的需求量较大，其原料主要来源于山东、河北等其他省份。

表3-3 2007—2020年天津粮食、杂粮及其他豆类生产情况

年份	粮食播种面积（万亩）	杂粮与其他豆类播种面积（万亩）	杂粮与其他豆类播种面积占比（%）	粮食产量（万吨）	杂粮与其他豆类产量（万吨）	杂粮与其他豆类产量占比（%）
2007	452.25	1.14	0.25	148.54	0.05	0.03
2008	454.75	1.24	0.27	150.65	0.13	0.09

（续）

年份	粮食播种面积（万亩）	杂粮与其他豆类播种面积（万亩）	杂粮与其他豆类播种面积占比（%）	粮食产量（万吨）	杂粮与其他豆类产量（万吨）	杂粮与其他豆类产量占比（%）
2009	478.27	1.51	0.32	158.73	0.21	0.13
2010	486.88	2.23	0.46	162.31	0.3	0.18
2011	483.19	2.58	0.53	164.7	0.25	0.15
2012	500.39	4.1	0.82	164.85	0.34	0.21
2013	510.49	7.47	1.46	178.21	0.87	0.49
2014	530.17	8.9	1.68	179.08	1.54	0.86
2015	535.86	4.53	0.85	185.49	0.92	0.49
2016	550.82	4.61	0.84	201.87	1.03	0.51
2017	535.36	6.64	1.24	213.75	1.98	0.92
2018	350.21	—	—	209.69	—	—
2019	508.9	6.95	1.37	223.25	2.08	0.93
2020	525.3	5.9	1.12	228.2	1.9	0.83

注："—"表示数据缺失。

（二）流通环节

1. 储存安全

2014 年天津市农机推广总站组织开展了粮食干燥机械化技术集成示范推广项目，专门对玉米、水稻烘干技术进行宣传培训，为提升天津市粮食机械化干燥技术应用水平、改善粮食储存质量、改变公路晒粮陋习打下坚实基础。2017 年依托重点，抓项目帮扶，为做好"六化六有"提升型建设，党委、政府各部门筹措资金，先后启动了建筑面积 320 米² 的双层村级综合楼、占地 1 000 米² 仓储量 50 万千克的水稻储存库和占地 3 000 米² 的水稻晾晒场项目工程，开展水稻晾晒场地面硬化、体育器材安装等工作，建设集水稻晾晒、村民娱乐建设于一体的多功能场所。2021 年天津国网电力为服务粮食生产储存，保证粮食储存安全，为每个粮仓都安装了电子测温系统。在整个水稻储粮工作流程中所运行的输送机、扒谷机、振动筛、卸粮斗、粮食专业风机等设备均需电力支撑，因此由电子测温点实时监测，实现 24 小时全方位监控，防止粮食发酵，服务农业农村现代化建设。

2. 运输安全

稻谷的主产地较为集中，粮食又属大宗重货，运输成本难免较高。我国始终将确保粮食运输安全作为货运安全的一项重要任务来抓，尤其是粮食公路运输，其最为快捷和低成本。天津作为水稻种植地之一，发达的交通网络与信息网络使天津地区稻米物流的发展拥有得天独厚的优势。截至 2019 年，天津地区与各省份粮食企业累计成交各类粮油 24.4 万吨，金额 7.5 亿元，极大丰富了天津市优质粮油产品供应。目前，已初步建成以天津为中心、覆盖天津、连接全国的交通体系，极大地保障了天津粮食运输安全。

3. 加工安全

稻米加工业是连接生产和消费的重要环节，天津市稻米加工企业的加工能力普遍较强，由几百吨到几万吨不等。目前天津市加工产业面临着产业链条短、产品结构单一、加工能力不足等问题。对于新时代消费增长需求结构转型把握不足，降低了产业环节的收益。加快提升深加工能力，推动水稻产业的健康发展，走优质化稻米及精深加工的全产业链和价值链之路，保证天津市稻米加工安全。

（三）消费环节

1. 市场安全

随着我国社会主要矛盾的变化以及城乡居民生活水平和健康意识的不断提高，居民食品消费结构也发生明显变化，高品质、营养型、无公害绿色稻米成为现阶段人们普遍的追求。随着小站稻知名度和消费认可度的逐年提升，稻谷消费市场前景广阔。在市场开拓方面，天津地区紧贴小站稻产业发展实际，积极探索开展产品分级营销，设计制定的用于优质小站稻销售的宣传LOGO，在全市范围内统一推行，促进小站稻实现优质优价。强化优质小站稻企业与电商企业、大型商超的产销对接，拓宽产品销售渠道。加大对优质小站稻宣传推介力度，普及优质小站稻选购方法，提升优质小站稻市场辨识度。在市场监管上，针对市场上大量流通的冒牌"小站稻"，全市从质量可追溯系统、产品技术防伪手段、市场监管手段和全新市场销售渠道进行了多层面探索，而这种探索对于全国稻米产业的有序竞争将会起到很好的引领作用。在品牌市场方面，构建合理的品牌市场运行机制，将成为天津小站稻做大做强的重要保障。充分发挥政府在这项工作中的宏观指导和管理协调的作用，保证水稻产业发展的市场安全。

2. 品牌安全

近年来，随着一批全国性品牌大米企业的崛起，市场竞争的核心已经转变为品牌之间的角逐，其中国内知名的大米品牌除了天津小站稻、东北盘锦大米、黑龙江响水大米和五常大米等，产地都为东北地区。国内大米进入品牌时代，大米市场正向着无公害、营养高、口感好、方便实用方向发展，精制米、小包装米、免淘洗米在市场上十分畅销，相对普通大米有很强的竞争力，市场潜力很大。根据第三次全国农业普查数据，天津无公害农产品 1 894 个，绿色食品认证农产品 233 个，有机食品认证的农产品 69 个。截至 2017 年底，天津知名农产品品牌共有 83 个，其中粮食品牌共 7 个，仅占总品牌数量的 8.43%，其中区域公用品牌 1 个，企业品牌 4 个，产品品牌 2 个，商标注册名称分别为小站稻、利达、学清公社、寿香坊、蓟州牌、"宁禾"牌和黄庄洼。如表 3-4 所示，从销售能力来看，7 个知名农产品品牌的粮食总销售量和销售额均有增加趋势，销售量由 2014 年的 36.926 万吨增加到 2016 年的 39.744 万吨，销售额由 2014 年的 12.56 亿元增加到 2016 年的 14.54 亿元。从品牌溢价能力来看，7 个知名农产品品牌的粮食价格由 2014 年的 3 401.60 元/吨增加到 2016 年的 3 657.80 元/吨，两年溢价 7.53%，其中小站稻品牌的溢价能力最强，两年间天津小站稻品牌溢价达到 18.73%。

表 3-4　2017 年天津知名农产品品牌销售情况

商品名称	注册商标	销售量（万吨）			销售额（万元）		
		2014 年	2015 年	2016 年	2014 年	2015 年	2016 年
小麦粉	利达	18.014	14.786	18.075	56 165	45 969	53 562
黑花生、黑绿豆	学清公社	0.051	0.055	0.06	1 020	1 100	1 200
芝麻、脱皮苏籽仁、紫苏籽粉	寿香坊	2	2.5	3.2	9 000	11 000	16 000
宁河大米	"宁禾"牌	1.396	1.435	1.483	5 978	6 172	6 378
小站稻	小站稻	14.79	15.75	15.12	47 332.23	53 575.47	57 449.8
大米	黄庄洼	0.6	1.61	1.73	2 577.12	6 766.7	7 232.9
杂粮	蓟州牌	0.075	0.074	0.076	3 535	3 479	3 553
合计		36.926	36.21	39.744	125 607.4	128 062.2	145 375.7
销售价格（元/吨）					3 401.60	3 536.65	3 657.80

3. 品质安全

为推动天津市粮食产业创新发展、转型升级和提质增效，扎实做好"六稳"工作、全面落实"六保任务"，让天津好粮油在更大平台、更广范围、更高层次进行推广，市粮食和物资局集中展示小站稻优质粮油产品，打造从"田间到餐桌"的食品全产业链，把绿色安全的全产业链产品送到消费者餐桌。截至 2019 年，我国绿色食品大米产品数量为 5 351 个，占绿色食品农林产品及其加工产品总数的 18.6%，占绿色食品总数的 14.7%，产量为 1 558.65 万吨。目前，天津市共有绿色食品稻米产品 8 个，占绿色食品农林产品及其加工产品总数的 7.3％，占全市绿色食品总量的 5.1％。并且随着人们对主食稻米由数量型向品质型转变，稻米品质成为重点关注对象，所以在保障稻米品质安全过程中，首先要对稻米品质进行严格把控。稻谷的生产周期比较长，一年只有几季。新谷上市，香味较浓，但含水量较高。陈谷的香味会逐渐消失，含水量也会逐渐减小。不同时期稻米的品质水平也就不一样，必须制定稻米要求和标准，对温度、湿度以及软硬程度设置固定值，使其保持稳定性能。其次是稻米成品品质的控制，如果稻米原粮品质不稳定，就会造成成品的品质不稳定。如当新米所含水分量过高，就容易生虫。尤其是粳米，许多大米生产厂家在其粳米产品上标示保质期为 12 个月。但实际上，在南方销售的粳米极少保质期能达到 12 个月。因此，要提高水稻优质特性保持和鉴定技术水平，尽量使稻米品质能够满足消费者的期待，让消费者吃到好大米。

三、天津地区粮食安全与水稻生产

水稻作为我国一半以上人口的主食之一，在我国粮食生产中具有重要地位。随着天津市城市化进程的加快以及人口的大量聚集，消费稻米的人口数量将呈上升趋势，保障口粮安全首先是保障稻米安全。水稻生产的丰缺，直接影响市场物价的波动和人们消费心理的变化。天津市面积狭小，截至 2018 年底，天津市土地总面积 11 966.45 千米^2，包括：农用地面积 6 894.41 千米^2，其中耕地面积 4 362.13 千米^2；建设用地面积 4 206.51 千米^2；未利用地面积 865.53 千米^2。随着经济社会的发展，以及工业化、城镇化的加快推进，天津市优质耕地数量进一步减少，天津市粮食安全问题亟待解决。近些年来，在《天津小站稻产业振兴规划》下，天津市小站稻种植面积在 2019 年已经达到 67 万亩，同比增加 8 万亩，且 2020 年突破 80 万亩。随着水稻产量的增加、品种的改善以及加工、储存、销售水平的提高等，相信在未来天津市水稻产业能够充分适应社会发展趋势，为粮食安全做好保障。

四、本章小结

本部分主要围绕粮食安全进行扩展延伸，首先对我国粮食安全的现状以及影响因素进行分析，主要从粮食供需水平与人民生活水平两部分进行具体叙述。其次对天津市粮食安全现状与问题进行剖析，从粮食生产与消费、粮食政策实施与制定、粮食利益联结机制以及粮食保障体系等方面出发，寻找当前粮食安全所面临的问题。最后从生产、流通、消费三方面将天津市水稻生产与粮食安全相联系。其中生产方面包括水稻种业安全、产能安全及结构安全，流通方面包括水稻储存、运输与加工安全，消费方面包括水稻市场、品牌和品质安全。总之，粮食安全背景下，天津市水稻生产不应仅仅满足于本市粮食的消费需求，更应放眼全国各地乃至国外市场，促使水稻生产向合理化、规范化、优质化和特色化方向迈进。

第四章　天津水稻产业发展概况

一. 天津水稻演进历程

(一) 从时间发展来看

天津地区水稻种植历史悠久，距今约有上千年历史，独特的地理位置及社会条件促使天津地区水稻产业蓬勃发展。天津临近渤海湾，且域内海河经过，水资源较为丰富，但该区域也存在一定的局限性，天津市盐渍化土地面积 7 800 千米²，约占天津市总土地面积的 65.8%，其中土壤含盐量大于 0.2% 的土地约有 4 700 千米²，占总土地面积的 39.3%，可见土壤盐渍化相当严重，成为水稻种植产业面临的一大挑战。目前著名的津南小站稻和区域知名品牌黄庄洼水稻，见证了天津水稻的发展历史，在一定程度上代表着天津水稻发展的成果与标志（表 4-1、表 4-2）。

表 4-1　天津小站稻发展历史

时间	天津小站稻（葛沽大米）历史演进
宋代	小站稻发展历史与天津近代史息息相关，可追溯到宋代，距今近千年历史
明代	徐光启的《农政全书》中对小站稻有详细的记载
清代	清代为大发展时期，雍正年间，津南海河南岸开始驻军屯田，大量引海河水种稻。清朝末年，周盛传任津沽屯田事务，在天津小站进行练兵活动，周盛传在小站屯田、修路、开挖马厂碱河，引南运河水咸淡分流，垦荒种稻
新中国成立以后	伴随着我国农业大发展，小站稻迎来转机，到 1960 年小站稻种植面积已达 30 万亩。当时津南区开展种稻能手示范活动，通过示范农户带动水稻种植面积不断扩大
改革开放以后	由于天津工业发展，水资源紧缺，小站稻作为耗水产业一直未被重视，水稻种植大面积萎缩，农户开始改种蔬菜等经济价值较高的作物，津南区种植的小站稻最少的时候区区一千多亩。很多小站稻田逐渐变成了玉米田、棉花田、小麦田，小站稻基本与津南区挥手告别

（续）

时间	天津小站稻（葛沽大米）历史演进
进入 20 世纪 90 年代	随着我国农业产业结构的逐步调整，小站稻种植面积虽有所恢复，但种植规模依然不大，且地块分散，根本没有呈现过去万亩稻田连片的盛况，但小站稻知名度依然不减
2000 年以后	多次在中国农业博览会上获奖，开拓国外市场，且 2017 年在振兴小站稻的政策号召下，天津市开始着力打造优质小站稻，从种源入手，以农耕文化为切入点，以小站稻为核心的多元产业发展模式，从水源、种植技术、市场等多方面入手，突破水稻发展的瓶颈

表 4-2　黄庄洼水稻发展历史

时间	黄庄洼水稻历史演进
明代	开始种植水稻，已距今有 600 多年的历史
清代	政府曾指令宝坻试种水稻数十顷，因稻种来自皇家苑田，所以称为御稻，黄庄洼水稻红极一时
20 世纪 80 年代	宝坻区实行大面积荒地改稻地工程，对原有渠道进行清淤，改排水渠为排灌两用渠
20 世纪 90 年代	荒改稻工程初步取得成效，粮食单产和总产有了质的改变
目前	宝坻的八门城镇是天津水稻主要产区，种植面积多达 30 万亩以上，70% 以上的水稻种植于此，是天津水稻主产区

近年来，天津市认真贯彻落实习近平总书记重要指示精神，深入推进农业供给侧结构性改革，以推动小站稻产业振兴为抓手，提升农业生产能力，促进农民增收、农业增效，确保农产品有效供给。小站稻发展稳步推进，各方面政策及资金支持也较为到位，天津市也非常重视小站稻这一地域特色，各领域共同推进稻米产业发展，携手共创小站稻产业辉煌。当然，在新阶段、新征程中，天津市水稻产业将会不断向农业现代化方向迈进，在沿袭历史发展中逐渐找准定位，促进天津地区水稻产业转型升级。

（二）从技术创新来看

经历了原始社会的刀耕火种、奴隶社会的石器锄耕、封建社会的铁犁牛耕以及近代社会的机械化大生产等阶段，我国农业社会种植技术得到不断更新与改进。种植手段的改变带来了农业产量的提高以及农业使用工具与技术的创新。纵观我国历史，可知水稻种植也基本符合这一趋势，因此本书不再对前期种植技术展开详述，本章以新中国成立为临界点，对天津水稻种植阶段进行分析，主要分为以下三个阶段：

1. 新中国成立至 20 世纪 50 年代

这一时期国家初步建立,百废待兴,各方面资源还不完备,人民基本生存及温饱问题的解决成为刚需。我国开展了以土地改革为中心的农田水利建设。在稻米种植方面进行耕作制度改革,其中包括单季稻改成双季稻、籼稻改成粳稻、区分早中晚稻以及水稻旱稻因地制宜等,并对相关水稻栽培技术进行了推广,水稻种植面积和产量出现大幅度提升。

2. 20 世纪 60—70 年代

在广大水稻科技工作者的努力下,利用国内外资源,通过多种育种方法相继育成一大批适宜不同区域、不同生态类型半矮秆高产良种,逐步在全国普及。我国抓住时机,在水稻种植行业推广矮秆优良品种、杂交稻品种以及与之配套的栽培技术,恢复和发展了双季稻的生产,改善了水稻的生长条件,使水稻单产水平实现飞跃提升。

3. 20 世纪 80 年代至今

在改革开放这一动力机制的驱动下,我国农业生产力逐步得到释放,农业发展潜力充分挖掘。在农业部"中国超级稻育种与栽培体系研究"项目的刺激下,开启了超级稻新品种选育及其配套栽培技术集成示范。同时杂交水稻技术广泛应用,并研发出一系列高产组合。在各类新技术与优质品种的大面积推广下,我国水稻总产和单产又上新台阶。在栽培技术方面,更加注重作物之间的生态规律,创建了适合不同地区的配套栽培技术,对提升水稻单产起到了重要作用。

(三) 从品种培育来看

天津水稻种植历史久远,有关学者曾结合唐诗宋词、外地史志等文献勾画天津水稻品种的大致轮廓,从罢亚(穤秠)、红莲、蝉鸣(响)稻再到红稻和香稻,可见尽管水稻品种资源在不同的历史时期较为单一,但是在农业的发展演进中并未停止。由于历史记录的缺失,为保证水稻发展的真实准确性,本书拟对近代水稻品种培育进行分析总结。据有关数据,天津市自 1986 年实施品种审定制度以来,目前已审定水稻品种超过百个,其中包括常规粳稻和杂交粳稻,品种的审定、培育及发展为天津市水稻产业发展作出了重要贡献。

1. 20 世纪 50—60 年代

天津市水稻主栽品种大部分来自日本,特别是以从日本、朝鲜等地引进品种或其系选品种为主要对象,代表性品种为东方红 1 号。

2. 20 世纪 70—80 年代

天津地区在引进水稻的品种基础上开始通过杂交育种、花培育种等方式进行新品种选育,特别在育种材料的引进和不育系转育方面做了大量工作,陆续育成红旗 12A、红旗 16A、红旗 21A 等代表性红旗系列品种，这些不育系和恢复系的育成对天津乃至华北地区水稻产业发展具有巨大推动作用。

3. 20 世纪 90 年代中期至今

在各级政府的支持下，天津市水稻育种单位进一步加大了杂交粳稻研究的力度，提供了大量理论研究、育种技术和方法，同时为品种选育和应用贡献了巨大力量。在进入 2000 年以后，主要方向就是常规品种和杂交品种选育并重。同时，不仅要注重产量的提高，还要关注质量的改善。现阶段我国社会主要矛盾的变化，对稻米产业发展提出了更多的要求，从数量到质量的提升，从吃得饱到吃得好的改变，都促使水稻产业发展转型升级。

从表 4 - 3 可知，天津市在水稻品种改进升级方面作出了不懈努力，在未来会有更多的水稻新种质应运而生。水稻品种的审定不仅仅是一种认可与肯定，也代表政府以及社会各界对天津市水稻产业发展充满了希望与寄托，未来的水稻产业发展前景广阔，在一批又一批科研育种人的努力下，会产生越来越多的优质品种，难关也将一个个被攻破。

表 4 - 3 天津历年水稻品种审定概况

年份	审定品种数目及名称
2005	4 个：中作 8843、中粳优 1 号、新稻 10 号、津原 85
2006	1 个：津原 17
2007	3 个：津粳优 180、津原 11、津粳优 16
2008	2 个：中粳优 8 号、津糯 2 号
2009	2 个：津原 E28、中粳优 13
2010	1 个：中粳优 15
2011	2 个：津稻 179、津原香 98
2012	3 个：武津粳 1 号、津原 93、津糯 3 号
2013	2 个：津原黑 1 号、皖垦津清
2014	0 个
2015	1 个：津原 89
2016	1 个：津育粳 18
2017	3 个：津原 U99、津粳优 1918、津稻 282
2018	5 个：津原 77、津原 97、垦育 99、津育粳 22、金粳 818
2019	1 个：津特 6 号
2020	6 个：津稻 777、津原 U9、津稻 328、津育粳 25、津育粳 29、天隆优 619
2021	6 个：金稻 606、金稻 929、金稻 787、金稻 939、津原 986、津育粳 30

（四）从产业化组织来看

产业组织发达程度决定了稻米产业的发展方向，产业组织的创新推动了稻米行业的跨越式发展。据调查，2016 年末，全市有农业经营户 66.08 万户，其中规模农业经营户 12 261 户，全市农业经营单位 11 376 个。在市场监管部门注册的农民合作社总数 11 366 个，其中，农业普查登记的以农业生产经营或服务为主的农民合作社 5 677 个。从小农生产到专业大户、家庭农场、农业产业组织，再到农业股份公司，每一次组织创新都带来了产业发展模式的变革，未来水稻产业要依托新兴农业产业组织、依托农业产业政策的革新获得不断深化发展的动力。

家庭（小农）：农户的生产行为一定程度上影响农业产业的走向，单个的以一家一户种植水稻的家庭种植模式，在一定程度上可以满足自家食用需要，自给自足，但是难以实现产量的快速提升，实现规模化生产，达到规模效益。这种生产经营模式较为单一封闭化，很难实现产量的突破。

专业大户：水稻种植大户是农业快速发展趋势下所产生的"新事物"，近年来，天津水稻种植大户数量快速增长，其种植规模也在不断扩大。2021 年天津市农业中心专家深入全市水稻种植大户，开展巡回技术指导，推进水稻标准化种植技术进村入户，对种植大户机插秧侧深施肥、水稻田间管理、绿色防控等进行现场指导，不断满足种植户的需求。

家庭农场：主要包括拥有天津市农村土地承包经营权，以自家承包地为基础，从事农业生产经营的全职农户或以农业收入为主的兼业农户。2020 年天津开展家庭农场培育计划，各涉农区采取宜农则农、宜林则林的方式，加快培育一批规模适度、生产集约、管理先进、效益明显的家庭农场，带动小农户与现代农业发展有机衔接。预计 2022 年，创建 300 家有规模、有品牌、有管理、有带动、有效益的市级示范家庭农场，培育 1 000 家生产稳定、经营规范的农户家庭农场，全市家庭农场总数量超过 10 000 家。

农业产业组织：天津水稻产业合作组织总体发展涉及两个模式，即专业化发展和综合化发展。其中在农业生产体系建设方面，在农民自愿参与的原则下坚持和完善家庭经营基础上的农业生产体系，保护农民的自由产权，保障农民参与合作社的积极性和合作社的经济性。在制度建设方面，建立健全农业合作经济组织结构和制度，使其符合现代企业的特征，保证农民的利益不受损失。在农户培训方面，加强对农民的业务培训，使农民更多地了解合作利益和目的。在政府扶持建设方面，完善农业合作法，保护农民的基本权益，确定农业合作经济组织的法律地位，在政策上给予农业合作经济组织支持。

农业股份公司：以市场需求为导向，通过确权确股、联结农户、搭建平台以及对接市场，推动农业股份公司、股份合作社、产业联合体等新型农业经营主体发展，实现联产联业、联股联心。以水稻产业发展为支撑，以合股联营为关键，探索股份合作经营方式，与农户建立稳定可靠的合作制，促进农户与现代农业发展有机衔接，激活人、地、资金等资源要素，推动乡村产业的发展。

在农业产业化经营组织的演进过程中，可以发现单一主体独立经营，对抗风险能力较弱，存在诸多问题，而现代农业组织的不断更新演进，从农户个体经营到专业化经营，再到股份制合作，不仅仅是产业组织形式的重组与构建，更是对农业生产结构的优化、对农村产业融合瓶颈的破解，进而实现合作共赢的发展目标。

二、天津水稻种植概况

（一）水稻种植面积

由于数据获取问题，本部分大多以 1995—2020 年数据为研究对象。由图 4-1 可知，在 20 世纪 90 年代，天津市水稻种植面积较大，1995 年至 1999 年天津市水稻种植面积高速增长，主要原因为国家逐渐放开了其他粮食作物的收购价格，稻谷的种植效益相比其他粮食作物高，因此农民积极转向种植效益较高的水稻，仅仅 4 年时间，天津市水稻种植面积就由 1995 年的 4.81 万公顷增加至 1999 年的 6.11 万公顷，增加 1.3 万公顷。但是随着时间的推移，水稻种植面积趋向萎缩，尤其以 2000 年为分界，天津市水稻种植面积出现急剧下降的趋势，水稻种植面积由 2000 年的 3.54 万公顷下降至 2003 年的 0.7 万公顷，仅仅 3 年的时间，水稻种植面积下降至 20 世纪 90 年代的约十分之一，主要原因分析如下：首先是受自然环境影响，恶劣的生长环境使水稻种植出现失误，水稻产量下降。尤其是 2002 年低温冷害使稻农损失严重，种稻经济效益差，

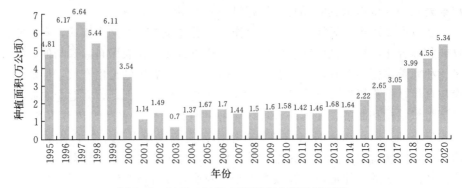

图 4-1　1995—2020 年天津市水稻种植面积

挫伤了农民种植水稻的积极性和信心。其次，连续干旱恶劣的自然环境造成水资源缺乏，水稻种植过程中对水资源的依赖性较大，缺水导致水稻难以为继，直接导致天津地区水稻种植面积缩小。但是在 2015 年之后又出现增长趋势，其中包括小站稻振兴计划以及国家和政府政策支持，又持续激发稻农种植积极性，建成 26 万亩高标准农田，培育国家级龙头企业 17 家，2020 年现代农业发展势头良好，继续深入实施小站稻振兴计划，种植面积达 80.1 万亩，同比增长 17.4%。水稻平均亩产为 626.7 千克，单产同比基本持平，受种植面积大幅增长影响，总产量达 50.2 万吨，同比增长 17.1%。目前，天津市紧紧抓住农业农村部等部门的水稻重大项目，与科研院所、农林高校联动，积极开展产学研，稳步实施高产创建、超级稻、科技入户、水稻产业体系建设等示范项目，加强新技术的综合组装示范推广，全面推进各项技术标准化，推进天津市水稻生产水平提升，天津市水稻的单产水平远远高出全国水稻单产水平。

（二）水稻单位面积产量

由图 4-2 可知，天津市水稻单位面积产量呈现整体上升趋势，其中在 1998 年和 1999 年曾出现大幅下降趋势。由图 4-2 可见，在 2003 年以前，水稻的单产增减幅度较大。2000 年出现第一个谷点。1995 年水稻单产为 8 087 千克/公顷，2000 年水稻单产减少至 4 093 千克/公顷，约为 1995 年的一半，水稻单产大幅下降，5 年水稻单产减少了 3 994 千克/公顷。但是在减少的同时，部分年份还存在增产的情况，尤其是在 1997 年天津市水稻单产达到 7 696 千克/公顷，这种起伏增减的状况一直延续至 2002 年。进入 2003 年以后，水稻单产保持稳定趋势，2003 年水稻单产为 8 071 千克/公顷，2020 年单产达到 9 401 千克/公顷，17 年的时间天津市水稻单产增加了 1 330 千克/公顷，平均

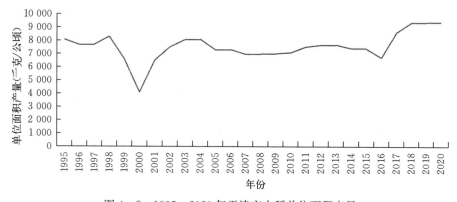

图 4-2　1995—2020 年天津市水稻单位面积产量

每年增加 78 千克/公顷,可见增长较为平稳,未出现大起大落。目前,天津市紧紧抓住农业农村部及农业科学研究院等水稻重大项目,实施高产创建、超级稻、科技入户、水稻产业体系建设等示范项目,加强水稻新技术的综合组装示范推广,全面推进各项技术标准化,促进天津市水稻生产水平极大提升。尽管目前天津市水稻种植面积较小,相对全国其他区域而言不占优势,但是天津市水稻的单产水平远远高出全国水稻单产水平,这将成为今后水稻产业发展需要重视的方向。然而相对于优势水稻主产区而言,天津市还亟须加强科技投入,实行机械化、规模化、集约化、专业化以及特色化生产模式,走适合本区域发展的水稻产业经营发展之路,通过水稻单位面积产量的不断提高,促进水稻总产量的增加,进而带动整个水稻种植业、加工业以及服务业等各项产业的协调发展,最终形成持续联动效应,实现水稻产量的最佳效益。

(三)水稻总产量

从图 4-3 可知,水稻总产量整体呈"U"形变化。而"U"形曲线是一种用来判断和预测某种特殊发展过程的事物,其现状和发展趋势的一种分析模型。当水稻产量变化趋势出现低值时也就是需要思考水稻未来发展及前景的关键所在。图 4-3 显示,天津市水稻产量 1995—1999 年上升趋势显著。1995年天津地区水稻总产量为 38.9 万吨,1996 年水稻总产量达到了 47.4 万吨,仅用一年的时间,水稻总产量增加了 8.5 万吨,是 1995 年水稻总产量的 1.2 倍。进入 1995 年,天津市水稻总产量呈急速增加趋势。1999 年水稻总产量为 40.2 万吨,但是 2000 年直接下降至 14.5 万吨,在 2001 年、2002 年、2003 年水稻种植面积分别为 1.14 万公顷、1.49 万公顷和 0.7 万公顷,产量减少至 7.4 万吨、11.2 万吨和 5.7 万吨。可见随着种植面积的减少,水稻总产量也是下降的。2004 年以来,国家采取了一系列措施,旨在提高粮食产量,保障我

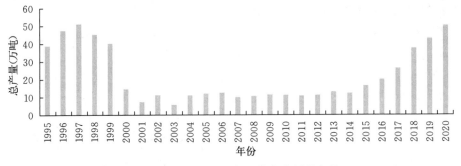

图 4-3 1995—2020 年天津市水稻总产量

国粮食安全，促使农民增收。天津市水稻产量进入新增长阶段，2004 年水稻生产能力重新达到了 11 万吨，2006 年达到 12.4 万吨，2016 年达到 20 万吨。如图 4-3 所示，天津市水稻总产量由 1995 年的 38.9 万吨增加到 2020 年的 50.2 万吨，但 2000 年水稻产量曾出现下降。虽然水稻产量总体呈上升趋势，但个别年份水稻产量出现波动，甚至出现减产，这并不是水稻自身原因造成的，而是受到自然环境的影响。水稻的品种、特性以及产地环境等都会对产量造成影响，水稻生产能力的提高无疑是一件大好事。从水稻产量变化趋势来看，天津市水稻的产量未来一段时间必定会得到进一步的提高，但其增长也会受到耕地面积和水资源的制约。

（四）水稻机械化水平

随着农业机械化水平大幅提高，农业亩均效益明显提升。天津市农业机械化的发展可分为两个阶段，第一阶段为 1978 年至 2002 年，农业机械数量、农业机械化水平均有较大幅度提高，农业机械总动力由 182.1 万千瓦迅速提升至 612.7 万千瓦，农用拖拉机数量由 1.66 万台增加至 4.54 万台，其中大中型拖拉机 0.89 万台，小型拖拉机 3.65 万台。得益于农业机械化的发展，2002 年全市农田机耕率达 90.7%，农田机播率 45.2%，机收面积占总收获面积的比重为 20.4%，其中小麦机收率达 97%，水稻机收率达 62%。第二阶段为 2002 年至 2017 年，农业机械快速向大型化、集约化方向发展，农业机械数量有所减少但发展水平加速提升。2017 年，天津市农业机械总动力调整至 464.65 万千瓦，农用拖拉机数量调整至 1.73 万台，其中大中型拖拉机 1.55 万台，小型拖拉机 0.18 万台。虽然农业机械总动力、数量均有所下降，但在农业机械大型化、集约化的推动下，2017 年水稻种植机械化水平达到 94.73%。2020 年天津地区粮食平均亩产 434 千克，比 2015 年增加 85 千克。在天津市大力实施小站稻振兴计划下，2018 年以来小站稻产量年均增长 16%，粮食总产量自 2016 年起连续 5 年稳定在 200 万吨以上，粮食安全基础夯实。据有关数据统计，2021 年，在水稻种植面积较小的北辰区机械化程度已经达到 100%，而且病虫害防治上都采用绿色防控措施，保障农产品质量安全。同年为加快小站稻智能高效机械化技术和机具的推广应用，推动小站稻无人机高效植保和肥料撒施技术应用，特组织水稻产业技术体系创新团队农机装备技术岗位专家团队在市优农中心召开了"小站稻智能机械化技术现场演示技术培训会"，结合田间作业情况，讲解了机具使用和注意事项，现场解答农民和技术人员咨询的问题，进一步提高了水稻智能机械化技术普及度，起到了宣传推动作用，为今后加快小站稻智能机械化技术推广应用、降低小站稻生产成本、提高种粮农民经济效益奠定了技术基础。

（五）水稻生态模式

坚持绿水青山就是金山银山，天津提出要加大稻渔综合种养实施力度，把天津打造成为全国高端优质水稻发展引领区。通过产业模式创新，让一田双收，达到双赢的效果。结合水稻种植，大力推广稻渔综合种养，积极采取政策引导、典型引路、技术引荐、宣传引势等方式，鼓励发展稻蟹、稻鱼、稻蛙混养等绿色循环农业种植技术。在稻田里发展植养的结合模式即在稻田里养鱼、养虾、养蟹、养蛙等，该模式既可以有效地帮助农民除草、增肥、增氧，减少病虫害侵袭，动物经过新陈代谢所产生的粪便又能成为稻田里最天然的有机肥，生态环境日益得到改善，且运用这种高效、生态、安全的生产方式，又能够确保生产出优质的水稻，不断促进天津地区水稻产业高质量发展。其中以宝坻区、宁河区和津南区等为代表，2018 年宝坻区发展了 5 120 亩立体种养示范区，立体种养作为农业高效之路、富农之路，主要是在有限的空间或土地上可以发挥出最大效率，获得最大效益。2021 年宁河区水稻种植面积达 25 万亩，稻蟹混养面积 16 万亩。2021 年津南区积极探索立体养殖综合发展模式，努力构建生态型、立体化、全链条的农业发展格局，现在稻鱼混养面积已经发展到 2 万多亩。水稻生态发展模式多种多样，不仅仅是稻蟹、稻虾、稻鱼，事实证明养殖蛙类、鳅类也可以作为选择，充分利用稻、蛙或者鳅产生互利共生关系，把水稻种植与蛙类、鳅类养殖结合，可以达到增产增收、产出优质水稻的效果。这种植养模式在不断丰富农民"钱袋子"的同时，也丰富了"菜篮子"。"一水两用，一田双收"，既让农民双赢，又确保了消费者舌尖上的安全。

三、天津水稻产业基本情况

（一）宝坻、宁河以及津南，稻谷产量高

天津市水稻种植区域主要为宝坻区、宁河区、津南区。本书以宝坻区、宁河区和津南区作为主要数据统计来源地，因为这三个地方几乎囊括了整个天津水稻生产区。2022 年水稻种植面积已经达到 100 万亩以上，累计发展稻渔立体种养近 5 万亩，稻田套养品种涵盖河蟹、泥鳅、小龙虾、甲鱼、南美白对虾、罗非鱼等十余个品种，且随着天津市整体打造小站稻区域公共品牌，宝坻区全力推进小站稻育种、生产、加工和品牌营销的全产业链发展，成为天津优质稻谷的主产基地。2020 年全区播种面积达 47 万亩，比 2019 年增加 5 万亩，同比增长 12%。随着生产条件改善、科技创新发展以及越来越多的种植大户投身实践，宝坻区现在大约拥有 60 万亩水稻，主要在种品种为津原 89、津育粳 22、越光稻和 E28，同时扩大金稻 919 和津原 U99 等高端小站稻品种的种

植面积。每亩产量达到 700 千克，水稻价格优势明显，还会扩大种植规模。宁河区作为天津市水稻产业技术体系建设项目的试点，坚持更高标准，精准选育津原 U99、津原 89、津原 97 等优质品种，着力推广优质品种，重视粮食生产安全，推动小站稻产业振兴。2020 年全区种植水稻面积 25 万亩，比 2019 年增加 5.41 万亩，总产达 20.29 万吨，比 2019 年增加 3.5 万吨，且该区稻蟹综合种养面积达 16 万亩，为农业增效、农民增收提供有力保障。津南区是小站稻的发源地以及全国农产品地理标志地和优质稻谷的主产基地。2017 年水稻种植面积已经恢复到 2.3 万亩，2018 年种植面积超过 3 万亩，其通过马厂减河注入津南土地，构成了独特的小站稻生长土壤环境，形成了小站稻生产独特的气候条件。且在 2021 年该区种植水稻近 4 万亩，主要种植品种为津川 1 号和津原 U99 等优质水稻品种，产量约达 30 万千克。根据现状可知，天津市可集中力量在优势水稻主产区，加大资金、物质以及人力投入，针对其余各区域制定合理发展策略，要以重点区域为龙头，带动水稻种植面积较小的区域协调发展，充分贯彻落实新发展理念，促进天津地区水稻产业合理布局，突出优势，实现资源有效整合。

（二）种源生产多样化发展，种业实力强

确保国家粮食安全，选育更多更优的新品种是关键。近年来，天津地区深入贯彻落实习近平总书记有关种业发展的重要指示，着力破解制约农业高产优质的问题，选育出更多更好的小站稻新品种，让小站稻产量更高、品质更优，种业企业发展势头良好。通过种业助力农业丰收增产，帮助农民增收，让小康之路越走越宽广。虽然天津市水稻种植面积较小，但种业实力较强，水稻育种栽培技术在国内居于领先地位，种子产能不仅可实现自给自足，还有一半以上供给天津市以外地区生产使用，已成为当前北方稻区面积最大的粳稻种子生产基地。

自 2019 年推出"津种子"① 企业培育计划，目前已有 4 批共 68 家中小微企业以"津种子"身份享受低担保费率、优化反担保措施等融资担保专属产品服务以及相关财政补贴支持。2021 年天津举办国际种业博览会，会议以"开放、创新、合作、共赢"为主题，开展种子交流交易、特色农产品品鉴、观光体验和峰会论坛等活动。特别设置"小站稻"展示组团，最新科研成果成功亮相，首先成功培育"吨粮稻"，穗大粒多，产量潜力大，抗倒伏抗病能力强，有助于保障国家粮食安全。其次，新直播稻"津粳 518"，代表着水稻轻简化

---

① "津种子"企业培育计划旨在培育拥有自主知识产权、具备较高创新水平和较强市场竞争力、有望形成产业规模的初创期、成长期的中小企业。

栽培的方向。最后是复合谷物米，应用 3D 打印五颜六色的稻米产品。目前水稻品种不断更新换代，尤其是小站稻育种进入国内领先行列，"津原 89""金粳 818""天隆优 619"等系列品种在华北、东北及长江中下游粳稻区具有较强竞争优势。"天隆优 619"连获三届全国优质稻品种食味品鉴金奖，"津稻9618"荣获 2019 年全国优质稻品种食味品鉴金奖，"金稻 919"获得 2019 年"第七届全国优良食味粳稻品评"一等奖，"津原 U99"荣获 2020 年中国绿色食品博览会金奖。其中天津市农业科学院水稻研究所培育的"津稻 9618"、天津天隆农业科技有限公司培育的"天隆优 619"等小站稻品种品质达到国内领先水平。"金稻 919"已成为小站稻主栽品种，"金粳 818"在黄淮海稻区每年播种面积超 600 万亩。"津原 89"和"津育粳 22"等良种优质高产。天津市杂交粳稻经过多年的发展，在理论研究、育种技术、育种材料、品种示范推广方面形成一批具有自主知识产权的成果，杂交粳稻研究综合水平已跃居国内领先地位。大力推进育繁推一体化建设。做大做强种业龙头企业，打造天津优质种业产业。

（三）稻米加工业发展精深化延伸

深加工是实现稻米产业由原有的粗放发展向高端发展的重要路径。当前稻米加工企业生存艰难，由于种植成本不断提高，稻米获利空间压缩，单纯依靠脱壳、碾米、烘干、分级、包装、抛光等进行简单处理，支撑成品粮或者初制品，如大米、蒸谷米等食用米产品，产生稻壳、碎米、米糠等副产物，很难获取满意的利润。因此只有通过延伸产业链条，提高稻米附加价值，在稻米精深加工方面下功夫，才能摆脱稻米产业成本上升、销售价格不变的窘境。稻米深加工前期投资较大，存在市场认知度问题，但可以在一定程度上提高企业效益，有关资料记载，稻米深加工可为企业增值 5～10 倍，但是我国农产品的加工增值仅有 1.2 倍，而发达国家的增值可以达到 2～4 倍，可见我国在精深加工方面与发达国家还有较大差距。稻米精深加工主要是以大米、糙米、碎米、米糠、稻壳等作为原料，采用多种技术，生产出米制食品和精深加工产品，进而实现节约资源，物尽其用。稻谷的各个部分都具有非常高的营养价值，如可以用米糠来做动物饲料以及榨油，也可以利用传统的石磨碾米提升稻米味道，稻米可加工成米粉、米糊、米酒、米线、米果、米酒及味精等系列产品。此外，稻谷可以用来作为替代燃料。目前以食味米为代表的优质食用稻以及米粉的加工企业和产品依托天津强大的工业基础逐步成长，极大地推动了稻米产业向着多样化方向发展。据统计，2017 年天津共有大型大米加工企业 17 家，其中国企 4 家，民营企业 9 家，股份制企业 4 家，企业加工和生产能力远远高于市场需求，开工率普遍不足。如表 4-4 所示，其中 11 家经营主体年加工能力达到 41.1 万吨，是 2017 年天津稻谷产量的 1.56 倍，是天津小站稻产量的 2.7 倍。

表 4-4　11 家经营主体性质和加工能力

企业名称	企业性质	年加工能力
黄庄稻香米业	一般企业	3 万吨
潮白谷物有限公司	一般企业	6 万吨
黄庄洼米业有限公司	市级龙头企业	5 万吨
丰盈米业有限公司	市级龙头企业	10 万吨
海北津站米业有限公司	一般企业	2 万吨
北人荒米业	国家级龙头企业	黄庄稻香米业代加工
正弘食品有限公司	一般企业	1.8 万吨
安平顺达粮食种植专业合作社	国家级合作社	0.5 万吨
优质小站稻开发公司	市级龙头企业	2 万吨
金芦米业	一般企业	10.8 万吨
益海嘉里	世界 500 强企业	金芦米业代加工

（四）稻米市场前景广阔，销售容量上升

　　天津作为京津冀一体化的一员，经济发展整体态势较好。随着近年来经济结构优化升级，市场活力持续释放，人民群众幸福感、获得感不断增强，全市经济运行稳中有进、稳中向好。由图 4-4 可看出，天津市居民消费水平自 1998 年以来，呈现不断增长趋势，居民消费水平较高。据年鉴数据，2017 年天津城乡居民消费水平为 38 975 元/人，位居全国第四，前三位分别是上海 53 617 元/人，北京 52 912 元/人，江苏 39 796 元/人。国民经济发展和人民生

图 4-4　1998—2017 年天津市城乡居民消费水平

活水平的不断提高促使天津稻米市场需求持续增长，与我国大部分地区相比，天津地区稻米市场发展大有前景，消费水平足以支撑高品质大米的市场发展。水稻产业的消费将呈现持续增长的态势，消费升级势在必行。伴随着新时代的到来，消费者的生活习惯和生产方式发生了巨大改变，对天津稻米产品的发展也提出新的要求。稻米消费由"吃得饱"向"吃得好"转变，消费者更加关注稻米的品质、品牌与功能的开发，普通稻米、简单初加工稻米、简易包装大米等已无法满足消费需求。稻米需求侧的变化以及东北大米、进口大米倒逼天津市水稻产业向个性化、多样化、品质化方向转变，促使稻米产业发展不断转型升级，以匹配当前瞬息万变的消费环境。要借助农村电商发展的契机，充分构建以传统市场为依托、以电商为主要信息传递平台的发展模式，通过消费市场的培育和营销渠道的构建，推动稻米产业的可持续发展。天津的水稻产业一旦形成固定的消费人群和稳定的销售市场，就能够有计划地安排生产，避免市场销售风险。这样一来，消费市场成为新模式推行的重要力量，构建发达的市场体系和快捷的信息传递渠道成为稻米产业发展的重要抓手和突破口。

（五）多元化渠道投入，强大合力形成

政策、资金以及科技的投入是天津市水稻产业发展的重要推动力。资金支持方面，资金是企业经营的动力源泉，没有资金支持，稻米优良品种的培育研发以及产业循环就无从谈起。因此需不断加强对稻米种植企业、加工企业以及销售企业的贷款和信用扶持，通过资金支持，拉动多部门、多渠道投入稻米产业，推动稻米经济良性发展。同时要建立稻米产业发展的多元化融资渠道，适应市场经济发展需要，吸引实力较强的资本投入水稻产业。在科技投入方面，一方面要加大对水稻种源等技术研发投入力度，加快产品更新换代，从最开始的品种培育技术、插秧技术、种植技术，再到水稻加工技术、储藏技术等，不断进行革新，用技术主推水稻产业发展。另一方面需不断引进科研院所、科研人才以及专家学者，通过智囊团为天津市水稻产业发展建言献策。

（六）新型经营主体渐进式发展，优势渐显

新型经营主体[①]主要目的为实现农业生产经营的规模化，而非传统的小规模、自给自足的家庭经营单位。当前该地区水稻产业发展呈现生产规模小、组织化程度低的现象，主要是天津地区普遍以家庭为单位的分散经营方式导

---

① 新型经营主体是运用现代化产业经营方式的一种新型经营组织，它是现代农业发展的延伸和拓展，而非对家庭经营的摒弃与否定。

致的，还有该地区土地珍稀、人员聚集、水资源紧张等使水稻发展受阻。为破解当前限制水稻产业发展的瓶颈和难题，2019年市农委召开相关主体座谈会，并表示各方要为水稻产业健康发展做好谋划，形成发展合力。2021年天津市推进农业农村现代化"十四五规划"提到要促进新型农业经营主体发展壮大。

由于数据统计局限，本书主要以宝坻区为分析对象，现将天津宝坻区水稻经营各大贡献主体分为普通农户、规模农业经营户、农业经营单位三类，从表4-5可知，三大经营主体在经营规模、农机使用以及收割播种方面的数据基本持平，形成水稻种植业三足鼎立的良好发展局面。特别是水稻播种面积方面，宝坻区水稻播种总面积为320 104.17亩，其中机耕面积306 575.74亩，机播面积312 998.28亩，机收面积318 396.35亩，基本上实现了水稻种植的机械化播种和收割。但是也从侧面反映出一个问题，即当前情况下，普通农户与规模农业经营户和农业经营单位在播种、机耕、机播以及机收方面并未拉开差距，不足以体现出规模化种植的优势，难以提高农户规模化经营的信心与积极性。

表4-5　天津三大经营主体种植规模情况

单位：亩

经营主体	播种总面积	机耕面积	机播面积	机收面积
普通农户	108 085.56	98 007.55	105 980.38	107 472.74
规模农业经营户	107 522.45	105 520.03	104 529.65	107 427.45
农业经营单位	104 496.16	103 048.16	102 488.25	103 496.16

在新兴农业组织方面，新型农业经营组织或形式主要有"公司＋农户"、农民合作社、专业协会、土地托管、其他形式5种，从相关数据可以发现，宝坻区农业新型主体发展呈现较快速度，其中农民合作社发展最突出，农民合作社数量最多达9 823个，可以预测合作社将成为未来水稻产业发展的一个趋势。但也存在一个疑问，是否存在空壳合作社，在运行过程中需重点落实农民合作社年度报告公示制度，开展重点农业产业化龙头企业运行监测。其次是土地托管以及农户与公司的对接，鼓励农业企业与农户形成风险共担、利益共享的经济利益共同体。支持发展"公司＋农户"及"农业企业＋合作社＋农户"的生产经营模式，让农民成为现代农业发展的参与者、受益者。其中农业专业协会发展速度较慢，据调查该区仅有42个。最后，比较突出的是大多数农户没有加入新型农业经营主体之中，农业发展集约化程度不高。具体如表4-6所示。

表 4-6　新型经营主体发展情况

单位：个

有新型农业经营组织或形式的户数	"公司＋农户"	农民合作社	专业协会	土地托管	其他形式	没有
14 875	533	9 823	42	2 227	2 536	133 956

总之，该地区多种新兴农业经营主体处于快速发展过程中，要重视新兴农业经营主体的发展，尤其是水稻专业合作组织的发展，充分利用区域资源优势，加大农业科技投入，在有机肥使用等方面进行科研投入，促进绿色稻米产业的发展，推动天津稻米种植业可持续发展。

四、天津水稻产业未来发展趋势

自 20 世纪 80 年代以后，天津水稻育种基本上走的是高产路线，虽然对品质较为关注，但主要针对其外观，而未对其深层次内涵进行开发。2009 年天津市农业主管部门在小站稻科技研发、品种品质、技术推广、产品销售、市场开发等方面进行全面规划，全面振兴天津小站稻。天津小站稻全面整合现有稻米品牌，形成合力，走精品化、珍品化道路。2015 年开始转型，推动传统的农产品流通模式走向更加多元化的发展道路，借助建设农业物联网区试点工程和电子商务三年行动计划，水稻发展渠道开始变得多元化、丰富化、个性化。2018 年全市水稻种植面积达到 59.85 万亩，为促进水稻产业发展，天津市政府出台了一系列政策，编制了天津小站稻振兴规划方案，以"精品、绿色、品牌"为发展思路。全市小站稻种植面积 2020 年跃升至 80 万亩以上，产量达到50 万吨，规模效益逐渐显现。2021 年天津市发布了小站稻产业振兴实施方案，2022 年全市小站稻种植面积力争达到 100 万亩，并配套出台多项措施。以上种种措施对天津市水稻产业永葆生机活力具有巨大的推动作用，在新时代、新征程中，要想走出水稻产业发展面临的窘境，天津市需要新举措、新战略、新规划，以匹配当前产业发展的速度与进程。

（一）水稻生产经营规模化、标准化、安全化

在未来，规模化生产将成为水稻产业由传统农业向现代农业转变的必由之路。实现农业规模化、产业化，是适应科学种田和生产社会化的需要，是传统农业向现代农业转化的必要条件和必要途径，只有规模经济才有规模效益，才能提高抵御风险的能力。水稻种植规模化不仅可以解决农村劳动力短缺问题，促进农业机械化发展，提高水稻种植效率，减少中间损耗，而且能够加快水稻

种植向着标准化方向发展，确保稻谷的质量。一方面，制定天津地区水稻从生产到加工全过程标准化体系，推广统防统治、智能灌溉、化肥减量增效等新技术，示范稻田立体种养、机械化旱直播等新模式，逐步提升天津稻米产业的产品品质和产品知名度。另一方面在水稻施肥、农药等产中环节对农户进行有效指导，提高水稻产业的科技服务水平，提升产品品质，同时为水稻产业后期的销售环节奠定良好的产品品质基础。随着天津居民消费水平和生活质量的不断提升，消费者对于食品安全意识日益增强，对优质、营养、无公害稻米的需求增加，不断推动水稻产业向着高品质、高效益方向发展。到目前为止，认定标准模糊不清，不仅仅是产品的监测标准，更是消费者心目中对于水稻的认可标准。在此情况下，需大力推广水稻种植的权威土壤测定、施肥方法，有机肥的选用，以及绿色病虫害防治方法等。同时通过组建权威鉴定机构，制定生态水稻种植标准，确保水稻食用安全可靠。

（二）水稻加工精深化、细致化、多样化

"十三五"期间，天津市规模以上农产品加工企业数量达到 620 个，培育市级及以上农业产业化重点加工龙头企业 144 个，其中国家级农业产业化重点加工龙头企业 15 个。虽然农业加工企业逐渐得到重视，但是稻米产业面临产品升级，深加工能力不足，加工层次浅薄，以及稻米加工企业小、散、弱等问题，若仅仅满足于表面的粗加工，则难以实现产业链条延长、稻米附加值提升。另外，在加工过程中，由于过分追求大米的外观与造型，很多大米加工企业采取双抛工艺，导致部分稻米加工过度，这不仅造成稻米自身所富有的营养物质大量流失，还增加了能耗，有关统计表明，我国每年因过度加工导致大米损失 400 万～600 万吨，足以供养 4 000 多万人，这在一定程度上造成了资源的浪费与损耗。可以利用计算机程序实现稻米加工的自动检测、自动分析、自动调整等，以此保证稻米生产的高质量、高效率以及低成本。在消费者需求方面，我国水稻加工产品需向多元化发展，开发水稻的功能特性，以满足不同消费人群的需求。同时提升稻米加工技术，让更多口感特别、味道香、米质好的稻谷走向市场。还可以根据稻米的功能，将其运用到食品、保健品、化妆品、工艺品等多个领域，将稻谷与人们所关注的健康联系起来，明确其功能和作用，使得加工出来的稻米产品满足人们的健康需求。

（三）水稻物流智慧化、快速化、便捷化

长期以来，天津市整个农产品物流系统从农户到零售终端，各流通环节缺乏完善的信息采集、加工整理和发布体系，农民对市场供求信息的获取渠道不畅，物流节点信息滞后、失实。在此背景下，建立天津水稻产业现代物流体

系，有助于促进天津地区都市农业发展，增加稻农收入。随着大数据时代的到来，稻米生产从育种到餐桌可以实现全流程无障碍追溯，特别是物联网技术的发展，将智慧物流引入稻米生产流通过程中。天津地区地理位置优越，交通发达，网络建设全覆盖，水稻物流业发展前景较好，地理位置的便利能够减少稻米运输过程中成本的损耗，确保稻米能够准时到达消费者手中。互联网的便捷可以更快速地显示物流信息，实现稻米流通信息实时查询。利用现代的信息化、智能化以及数字化的手段将稻米的生产、加工、运输以及销售、监管等信息通过数字化网络平台进行集成，可以有效实现稻米产业物流向着系统化、模块化、自动化、可视化方向大步前进，通过前期的基础建设投资，可以大大降低稻米物流产业的成本，加快以电商为代表的稻米物流行业的发展。近年来，随着智慧粮库在全国各地的逐步落地，粮食流通过程中高成本、高损耗的格局将会逐步被打破，电商深度介入稻米零售环节，并逐步推动稻米物流各个环节的升级换代，稻米物流和销售将向着智能化、快速化和便捷化方向快步前进。

（四）水稻消费品牌化、数字化、一体化

天津稻米市场存在重生产、轻市场的问题，因此产生了在天津地区东北大米消费市场份额占比较大的窘境。如今天津小站稻这一品牌在天津地区远近闻名，但天津以外地区很少有人了解小站稻这一地域品牌，尽管在 2019 年小站稻入选中国农业品牌目录，且 2020 年农业农村部批准对"小站稻"实施国家农产品地理标志登记保护，但是其市场影响力依旧较小。首先，应加强对天津稻米品牌的保护和开发利用，进一步增强品牌的影响力，杜绝非法厂商盗用品牌，禁止不良竞争商贩对品牌的仿冒。其次，随着数字平台的搭建和逐步完善，越来越成熟的网络化、信息化、数字化技术赋能农业发展，"互联网＋农业"的"物联网""电商网""信息网"三网联动，如"津农宝""京东到家""直播带货""订单农业"等新型网络销售方式可实现网农对接，有利于强化消费者对天津大米品牌的认知，同时能够给天津水稻产业的发展带来新机遇，利用二维码，为小站稻搭建认证和追溯体系，在各个环节加强信息认证服务，实现销售、服务、认证一体化。

五、本章小结

本部分主要对天津水稻演进历程、天津水稻种植情况、天津水稻产业基本情况、天津水稻产业市场营销环境以及天津水稻产业未来发展趋势进行研究。首先对历史发展、技术创新、品种培育以及产业化组织四个方面展开叙述，其

次对水稻单位面积产量、总体产量、种植面积、机械化水平、生态模式、成本收益等基本情况进行说明，再次通过对水稻种植、品种、加工、市场、渠道、新型产业组织加以分析，对天津水稻产业的整个环节进行梳理，最后对整个营销大环境所具有的资源以及条件具休阐述，总结得出天津市水稻产业发展的总体趋势，从而为下一步天津市水稻产业发展提供思路。

第五章 天津水稻加工业

一、天津水稻加工业发展状况

（一）天津水稻加工业发展的阶段性分析

1. 萌芽阶段（1978 年以前）

在 1949 年以前，天津市农业农村经济结构单一，种植业比重较大，达98.5％，加工业比重极小。新中国成立以后，通过土地改革等措施，极大地解放和发展了生产力。但 1978 年以前，受国家经济发展战略的影响，重工业优先，天津水稻加工业几乎处于空白状态。再加上技术水平落后，"大跃进""人民公社化"以及三年严重困难等因素的影响，国内粮食紧张，水稻加工业总体上处于较低的水平。企业大多为中小型工厂甚至是手工作坊，技术水平有限。可以说，这是艰难发展中天津水稻加工业的雏形。

2. 快速发展阶段（1978—1993 年）

改革开放促使农村经济体制得到解放，津郊农村发生新变化，水稻加工业由此步入快速发展时期。乡镇水稻加工业如雨后春笋般涌出，为农民提供大量就业机会的同时，促进了农民收入水平的提高。1978 年，天津农村居民以工资性收入为主。随着家庭联产承包责任制的兴起，加上农产品收购价改革，停滞的生产力获得解放，农村经济逐渐走出单一的农业经济格局，乡镇企业迅速崛起，产业结构得到调整，第二、三产业异军突起。在这一阶段，天津稻谷加工业随着改革开放的逐步深入而渐渐发展起来。在 1984—1991 这 8 年，农村居民人均可支配收入年增长 13.9％，1991 年达到了 1 169 元（图 5 - 1）。此阶段，天津水稻加工业从总体上看处于量的扩张时期。

3. 稳步发展阶段（1994—2002 年）

随着党的十四大的召开以及社会主义市场经济体制的确定，农村进入改革开放以来的第二个发展高峰，农民收入稳步增长。在《中华人民共和国乡镇企业法》出台后，天津乡镇企业的规模、从业人数和固定资产原值都得到了不同

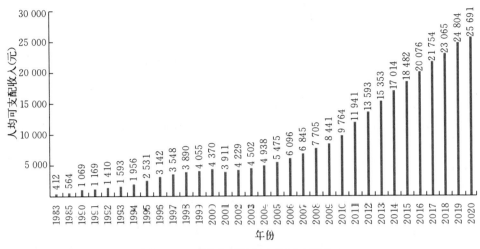

图 5-1 天津农村居民人均可支配收入

程度的增长，天津农村人均可支配收入在 2002 年达到 4 229 元，年均增长 14.8%。天津水稻加工业得到稳步发展，但受制于市场无序竞争和管理技术不足等原因，发展缓慢。

4. 稳步提高阶段（2003 年至今）

乡村经济飞速发展的同时，出现了一系列的矛盾和问题。党中央及时出台系列旨在解决"三农"突出问题的重要政策和措施。天津根据本地的实际情况，建设了一批示范小镇，促进了乡镇经济的发展。党的十八大以来，在全国率先实现了统筹城乡的基本养老和基本医疗保险制度，加快"三区"联动发展，持续推进新型工业化进程，加快农业转型升级，推动循环农业建设，融合推进一二三产业发展，各级政府通过多种途径狠抓就业，促进农村劳动力转移。同时天津农村居民食品消费结构不断改善，膳食搭配日益优化。农村居民的食品消费结构已从改革开放初期的以粮食为主的结构，逐渐向种类繁多、营养优质、搭配合理的优质饮食结构转变，这一趋势大大促进了天津水稻加工业的发展。

（二）天津水稻加工业发展的组织结构

1. 天津水稻加工业集中度提高，组织规模扩大

一般集中和产业集中是天津水稻的两大特点。一般集中即在空间上的聚集，目前形成规模化发展水稻加工业基地的地方较少，许多地方在水稻加工业发展方面逐渐向专业化靠拢，规模化效应逐渐增强。而产业集中，反映的是资源逐渐向少数公司流入，使得这些公司或企业的规模不断扩大。

2. 多元化的产业组织

为了适应市场发展的需要，天津水稻逐渐发展出了多种产业组织形式。"农业大户＋农户""公司＋农户""科研基地＋农户"等模式有效地促进了当地水稻产业的发展。另外对于个体分散经营，这种模式当前在天津比较普遍，但是该模式有诸多问题，由于个体的资金、实力等方面有限，水稻加工业资源浪费、风格雷同现象严重，这正是关联性不强的一种表现，而这也大大阻碍了天津水稻加工业的迅速发展。总的来说，天津水稻加工业经营模式还未形成规模化，存在着规模小、实力弱等问题，阻碍了水稻加工业的发展进程，因此积极探索适合天津水稻加工业发展的经营模式已迫在眉睫。

（三）天津水稻加工业发展的基本布局

天津水稻加工业主要依靠产业创新驱动，通过产业融合不断延长水稻产业链，提升水稻产业价值。加快稻米产品创新与加工技术创新，满足消费者在口味、营养价值方面的需求。同时注重发挥水稻加工业产业聚集效应，以水稻加工业为核心，引导区域农产品生产，逐步打造特色水稻产品生产区、优势区、产业聚集区、物流聚集区，实现一二三产业联动发展的格局，通过完善上下游产业链，逐步建成相互协调、互相补充、利益共享、共同增收的稻米价值链，提升产品经济效益。充分发挥水稻加工业在推动天津水稻生产、生活和生态方面的关键作用。遵循生态友好发展方向，始终把生态文明作为水稻加工业的发展方向，重视科技引导，发展新的产业加工模式，通过绿色健康的生活方式引领天津水稻加工业不断创新发展。天津水稻加工业发展的基本布局主要从以下几方面入手：

首先，水稻加工业产业结构优化发展。大力推进水稻加工业产业园建设，以现有工业园、农业园为基础，扶持各类稻米加工企业入驻，通过完善服务平台、基础设施，推动以稻米加工为核心的稻米加工产业集群的形成，鼓励有条件区域发展以稻米加工业为主的特色小镇，通过种养结合、观光农业、创意农业大力发展文化产业，形成城乡良性经济互动。

其次，稻米初级加工企业加快升级。在设施设备发展水平、产品深度开发以及产品分级、包装、保鲜、存储等方面不断提升加工条件与技术，逐步改变当前稻米加工企业单纯加工的被动局面，坚持以稻米为核心的多元化发展思路，加快稻米加工企业的升级换代。如推动稻米主食产品工业化、市场化生产，提升以稻米为主要原料的馒头、面点、预制菜肴的市场供应水平，引导城乡居民改善饮食消费结构，推动稻米加工向多样化、休闲化、方便化、保健化食品方向发展，逐步推动稻米加工产业升级换代。

再次，稻米加工行业全产业链一体建设。引导稻米加工企业建立原料基地，逐步构建自身物流体系和营销网络，实现集团化运营。积极协调水稻产业链上的农户、合作组织以及渠道销售单位，发展"农户＋合作社＋企业＋直营销售"的产业模式，积极推动产地批发市场和物流集散地的建设，支持产地批发和直营配送。充分利用互联网时代大数据、云计算等新一代信息技术，发展精细化、智能化代加工模式，积极引导稻米消费市场，积极将电子商务、农商直供、加工体验等引入稻米全产业链中，通过利益共同体搭建，实现利益共享。

最后，稻米加工业多功能化、多业态化发展。鼓励稻米加工业与休闲、旅游、文化等产业深度融合发展，支持稻米加工企业开展跨界合作营销，以特色稻米产品带动众筹农业、定制农业等新产业、新业态的发展，不断提升稻米产业吸引力，引导城市资本向特色农产品初加工和深加工领域投入，不断提升稻米加工业的经济效益和社会效益。

（四）天津水稻加工业发展的基本特征

1. 有力地带动了地方经济

水稻加工业的兴起和发展，带动了相关产业和周边企业的发展，对促进天津经济发展和对外开放都起到十分重要的作用。

2. 新理念在产业发展中显著增强

一方面，循环经济理念在产业发展中将众多水稻加工企业聚集起来，形成产业链，不仅带来长期收益，还为社会的可持续发展作贡献，继而推动企业向更高、更远发展。

另一方面，天津水稻加工业更偏向实施绿色营销观念。绿色营销提高了绿色消费意识，鼓励人们消费更多的绿色产品。对于绿色农产品，它对人们的健康和可持续发展（如食品）更为重要。绿色营销鼓励企业采取绿色促销策略，这也极大地促进了农产品加工公司的发展。

二、天津水稻加工业存在的问题

（一）组织之间关联性弱，缺乏龙头企业引领

整体来看，现阶段我国在水稻加工业方面的科学技术以及机械装备还处于落后地位。企业之间没有建立起利益联结机制，导致开发新产品能力弱、加工农产品质量低、原材料浪费、竞争力下降等问题。企业经营范围普遍偏小，龙头企业带动效果不理想，其中初级产品和内销产品很多，中高档产品和海外产品很少，产加销联动机制不健全，主要存在于大多数公司与农户之间的买断关系中。首先，订单执行率低，农业一体化龙头企业的订单在农户订单总数中的

比例很低，农户受益有限。其次，原料生产的品种质量结构不符合加工要求，分布式生产与集中加工之间的矛盾日益突出。最后，由于有限的经济实力，地方优势难以充分利用，低水平发展和融合的种植结构并存，通常很难完成生产、供应和营销的整合运作，对企业的长远发展有一定的限制作用。

（二）产业结构倾斜，深加工层次低

产业结构的不协调造成了个体手工作坊式的水稻加工企业居多。产业内部和产业之间的技术联系水平较低，产业之间的专业合作水平较低，造成了类似风格随处可见的情况。因此，有必要加快从大范围向集中型的转变，以加强天津大米加工业的经济增长方式转变，特别是产业结构的调整和优化。

（三）专用化、产业化不足，单一化生产需求乏力

长期以来，天津水稻加工产品品种甚少，供消费者选择的余地不大。水稻用途基本只限于作为口粮，工业方面的应用很少。这种单一的生产模式无法满足日益多样化的消费者需求。改革开放以来，天津市人均收入显著提高，城镇居民的多方面购买力提高，食物结构发生质的变化。人们过去对淀粉类食品的追求侧重于食品数量，现在转变为食品质量，对优质大米需求日益增加。

（四）质量保障体系不健全，标准化体系难以建立

虽然在京津冀地区，许多地方在农业生态建设方面取得可喜的成绩，生态农业发展势头良好，但近年来，随着天津地区经济发展带来的诸如环境污染的影响，当地生产出的产品质量合格率不高，难以与国际质量体系接轨，天津甚至全国的水稻加工制品的出口竞争力提升都会受到影响。

（五）政策扶持力度不够，投资资金缺乏

首先，目前水稻加工业的大多数问题包括：赋重、贷款困难、缺乏资金支持；公司一次性购买原材料；占用资金很长一段时间，很难满足普通的商业贷款。许多水稻加工企业没有得到相关的政策支持。其次，精深加工严重缺乏，天津的原料加工水平和产业结构主要是初级加工，产品结构主要是粗加工产品，附加值低，米糠等副产品的加工并未充分利用其增值潜力。此外，水稻加工利用率不高。

三、天津水稻加工业发展组织模式

由于农业市场化程度不断提升，水稻加工产业发展方向将会是以专用化水

稻加工原料为基础的现代水稻。从一定程度上来讲，一个国家的科学技术水平与富裕程度可以从水稻加工业的发展状况看出来。在实践中采取的水稻加工业组织模式对于水稻加工业的发展至关重要。按照水稻加工业中各经营主体之间的利益联结关系是否紧密，可以把水稻加工业组织模式具体分为以下几类。

（一）专业市场下的合约模式

在该模式下，农业大户或经纪人一方面与市场相连，另一方面与农民相连。该模式特征是农民根据市场的供需充分准备农业生产，由市场决定交易价格。农户可以将水稻直接卖给水稻加工企业，或者通过市场卖给经纪人或农业大户。其中与经纪人或农业大户的交易是以市场价格购买农户种植的水稻，然后农民根据市场的供求关系生产大米，并将其卖给经纪人，这中间没有企业的介入。

（二）部分主体联结下的纵向一体化合同型模式

1. "企业＋农户"模式

这种模式主要应用在农业工业化的发展初期阶段，作为一种更广泛采用的企业组织形式，在促进农村经济发展方面发挥了重要作用。虽然可以建立合同关系，但公司（企业）和农民是两个完全独立的利益单位。出于各种原因，经常会发生有意或无意的违反合同行为，如文化和技术质量，生产材料（化肥、农药、农用薄膜等）的供应以及质量问题。由于大多数大米加工和销售企业无法监督农户的生产过程，因此企业与农民之间的衔接松散，有些完全成为产品买断关系，从而使企业和农民的经营发生不好的结果。

2. "企业＋中介组织＋农户"模式

中介与农民在市场中形成了以下两种关系：一是松散型，两者之间的关系完全是市场化的关系，没有任何限制机制，适合于农业工业化的早期阶段。二是紧密型，中介组织和农户使用特定的合同限制机制来确定各自的责任、权力、利益。这种模式的利益联结机制主要依靠契约来维系，且这种模式主要应用于初级加工的新鲜瓜果蔬菜等农产品产业化经营。

3. "企业＋专业机构＋基地＋农户"模式

该模式功能范围覆盖农业生产的产前、产中和产后，是一种新型的社会协作关系。企业采用合同订单的市场运作方式，通过协会与农户签订合同。协会不仅仅是市场中介，需根据产品生产的质量要求，代表公司向大多数农民提供产品。同时，有必要向大多数订购农户提供全面的技术指导、培训和服务，并在产品贸易、信息交流和服务提供中发挥中介作用。公司以订单农业为基础，紧密依靠自己的生产和科研基地来获得稳定。为了发展，该协会负责将部分加工利润投资于基地建设，大多数由农户承包。公司与农民之间的关系不再是纯粹的市场贸易关系，而是通过生产或科研基地和协会，形成了积极的多边互动。

4. "企业＋合作经济组织＋农户"模式

其是通过依靠主要加工或销售水稻企业联合相关农户组成专业协会和专业合作社等专门合作经济组织，以横向联盟来实现纵向合作社农业产业化经营的一种形式。在农民的分散情况下，由于与每个农户的单独交易，会导致公司的交易成本很高，难以保证质量，如果公司自行购买或租赁大量土地，则必须付出高昂的成本。因此公司必须有一个中间载体，该载体能够代表农民和公司进行交易，并且另一方面能够代表公司和农民进行交易，并向农民传达公司的生产质量要求，并做好实践和监督。

（三）完全的纵向一体化公司型模式

完全纵向一体化是指通过合作、股权、股权合作等方式将双方合并为同一资产组织。特定方法通常包括股份制、合作制和股份合作制。股份制，即农民和龙头企业共同组成股份公司，全体股东按照"相同份额，相同权利，相同份额，相同权益"的规定行使权利和义务，分享利润。股份合作制具有股份拥有和合作性质。如农民利用土地、农业机械和其他资本手段购买股票，共同组建股份合作社，农民和企业都是股份合作社的股东。利润的分配方式并不完全由公司制（如企业）的投资额决定。不严格执行"同等权益，同等权益的股份"。根据劳动或农产品销售量计算部分股利（反映股权制度的特征）和利润股利（反映合作的性质）。合作制只有合作性质没有股份性质，合作各方通过协商按合同约定来行使各自的权利、义务和分享利润。

（四）股份合作制松散型模式

农民和大米加工公司都是合资企业的股东，但它们的股份比例不同。利润分配包括"专业合作经济组织＋企业＋农民"模式。指导农民专业合作社发展水稻加工业，不仅可以通过维持大米加工业和农产品销售的利润来提高农业效率和农民收入，而且可以消除以前的"公司＋农户"模式带来的没有紧密联系的劣势，实现工业化商业模式的创新。由于专业合作社是由农民组成的，而企业是由专业合作社建立或拥有的，利益相对完整，企业与农民的利益接近，因此企业、农民与专业合作组织的利益是一致的。关于风险方面，它能够更好地避免以前的工业化商业模式的缺点。因此，该模式具有很大的发展潜力。

（五）股份制企业紧密型模式

紧密型模式，即股份制企业模式，它基于资产联结，所有股东完全按照

"相同份额、相同权利、相同份额、相同收益"的规则行使其权利、义务和利益。农户和龙头企业组成股份制公司，都是公司股东，行使权利和义务以及分享的利润完全取决于投资的资金量。企业的资产为农户所有，农户不仅是农业生产者，还是股东，龙头企业的经营效率与农户密切相关。从理论上讲，这些利益联系是农业产业化管理的最佳形式，但是在中国具体实践中，由于组织内部交易成本高昂，这种模式将影响合作的有效性。因此，该模式不适合中国小规模农户家庭承包经营的实践。

（六）"纵向发展、横向联合"的一体化合作型模式——农工商综合体

农工商综合体是将农业生产本身整合为农业生产资料的生产和供应，或将水稻的加工和销售等一系列环节整合为一个综合管理机构，合并为一个企业，实行综合核算，形成完全纵向一体化的综合管理。该方法主要通过工商业企业渗透农业，农场是与大型农场合作建立的，这些农场购买或租赁农民的土地或生产高度专业化的产品。农民利用土地进行股权投资，再让公司（农工商联合企业等）执行整个计划，这个计划就包括统一规划和策划。此外，它还计划将广大的农村地区转变为大型规模集约化企业，再由企业面对市场，农民成为公司的员工。通过土地红利和工资两种方式获得收入，企业与员工之间形成相互紧密的关系。这种类型的企业组织将生产、加工、销售（农业、工业、商业）、技术和生产资料连接在一起，在纵向和横向两个方面都有共同的利益，从而形成利益共同体。随着经济结构的变化和消费者需求的多样化，农业和大米加工业之间的关系趋于紧密，并在工业化中期阶段向农工商综合体的方向发展。

（七）"三位一体"的复合型模式

该模式又称为混合型公司模式，它是指工业、商业、金融和农业企业与其他资本以相互持有的投资形式的结合，组织形式具有合作制和股份制。在合作制中，各方为合作提供条件来完成任务，根据合作合同中协议要求收取报酬，依照公司法的规定建立股份制，各股东按出资比例来行使公司的股东大会的权利。业务范围涵盖水稻生产、加工、购买、存储和运输、销售、出口、采矿开发、化肥、农药、机械制造和科学研究服务，并且可能在不同的国家或地区建立分公司。它比农业合作社更为灵活，并且与普通合作社的不同之处在于它们可以买卖非社员产品。联合体很多是跨国农业集团，在经济全球化的背景下，以参与水稻国际贸易的形式，通过跨国公司或国内外公司的联合经营，已成为一种有效的途径来疏通国际农业市场的渠道。因为联合体是高于市场竞争的组

织形式，所以联合体通常会在特定行业形成较大范围垄断，因此适应条件相对严格。只有当特定行业规模较大时，行业协会才能发展，并且投资才是有利可图的。

四、天津水稻加工业组织模式的选择

（一）水稻加工业组织模式选择应遵循的基本原则

水稻加工业的发展和农业产业化的实现，是促进农业和农村经济结构战略调整的重要途径，可以促进稻区布局优化和生产基地建设，延伸农业产业链，增加农村富余劳动力的就业机会，提高技术装备的能力和水平，促进农业现代化。因此，合适的组织发展模式是促进产业健康、快速发展的关键，组织模式的选择应遵循以下基本原则：

1. 以市场需求为导向

生产经营要以满足市场有效需求为目标，遵循市场经济规律，及时动态调整经营策略，以生产出满足消费者需求的产品。

2. 发挥区域优势

利用当地成熟的产业规模，发展特色优势水稻加工产业，逐步形成水稻加工产业带，水稻加工和原料基地必须实现有机结合。

3. 发展和保护相结合

在发展中保护，在保护中发展。切实做到利用先进的科学技术改造传统农业，利用好农村地区丰富的资源，最大限度地减少资源浪费，更好地集中实现发展。

4. 加强宏观指导

制定和实施水稻加工业的发展规划和政策，指导水稻加工业的合理布局，防止盲目铺摊子和低水平重复建设，新项目从一开始就达到了高起点和高水平，并不断提高大米的加工性和现代化水平。

（二）天津水稻加工业组织模式的选择标准

1. 根据区域生产力水平选择加工经营模式

农业产业化经营的管理方式取决于发展水平和生产发展的要求。各地自然条件和农业发展水平之间以及农业生产经营方式和产业结构等存在差异，决定了水稻加工业经营模式的多元化。产业链一体化模式是指将贸易、工业和农业结合起来的一种产业组织形式，其重点是根据区域资源优势优化农业产业结构。采用这种模式的前提是要实现大规模农业经营、机械化生产和科学管理，与农业生产有关的工商业迅速发展，大部分劳动力已从农业转移到第二、三产业。

2. 根据市场需求选择加工经营模式

现代农业中市场需求决定了农业效益和农民收入，因此要根据市场需求的变化调整稻米的供应结构以适应发展。第一，水稻加工产业总量不断扩张，表明水稻加工业对农业（原料和劳动力等）的需求日益强烈。第二，随着收入增长，人们的消费结构和需求发生了明显的改变，促使水稻加工企业研发出满足市场需求和高附加值的水稻加工产品。第三，我国自加入 WTO 以后，小规模经营的水稻加工业已无法适应市场经济发展和竞争的要求。因此要根据市场需求，谨慎选择加工经营模式。

3. 根据产业科技含量选择加工经营模式

天津水稻加工领域的技术储备非常短缺，许多公司拥有陈旧的设备、少量的技术人员，并且技术水平低，公司缺乏创新能力。这些可以通过与科研院所、技术机构开展合作交流，引进先进技术或提高自我创新能力来改善。同时政府也要鼓励和支持两者之间的合作，以提高水稻产业的技术水平。

4. 根据产业融资方式选择加工经营模式

水稻加工企业一直受资本制约，发展落后，这无疑与我国的经济体制和政策以及水稻加工企业自身选择不当的融资方式和过度依赖银行信贷资金有关。水稻加工企业占传统产业的很大一部分，资金的主要来源是内部资金和债务资金，企业发展可分为启动、成长、成熟和衰退四个阶段，水稻加工企业应在发展的各个阶段选择配套的融资方式。

五、天津水稻加工业发展对策及建议

（一）强化政府职能

水稻加工业发展与政府积极引导、企业广泛参与和农民大力支持是分不开的。天津各级政府应该明确合理使用自己的职能，以帮助和促进水稻加工业发展。

1. 制定产业政策，加强宏观调控

天津各级政府应根据天津水稻加工业发展现状，分析其面临的国内外环境，以及水稻加工业所存在的优劣势，总体规划天津水稻加工业的区域组织模式、内部结构模式和空间布局模式，确定优先发展、限制发展，防止恶性竞争，提高市场集中度，加快稻米加工企业的重组和整合，迅速组建一批领先的公司来促进天津稻米加工产业发展。

2. 引导完善水稻加工业标准体系建设

依据国内外水稻产业链的发展要求，在产业链的产前、产中和产后，建立符合国际惯例的全面的水稻加工质量标准和技术操作程序体系。建立和完善监

督检查方法，完善产品质量认证和监督体系，加强产品质量管理和认证，实施认证标志管理体系，减少进入国内外市场的障碍，并通过确保大米和加工大米的质量来增强绿色市场的竞争力。

3. 提供相关基础设施

为了发展水稻加工业，必须建立坚实而完整的基础设施，降低生产成本，提高市场竞争力。着眼于扩大基础设施投资，如冷藏、保鲜、包装、运输、卫生和检疫等，调整重视农业生产设施投入而忽视加工储运设施投入的错误做法，自觉引导生产加工基础设施的综合投资，以建设投资引导产业的综合发展，加强预防和控制环境污染的设施建设，建立完善的社会服务体系。其中，最重要的是充分发挥地域优势，天津具有独特的区位优势、生物资源优势和能源优势，生产的水稻及加工产品既能够满足省内市场需求，又可以参与国际竞争。同时，天津发达的公共交通，有利于发挥现代物流的优势，为水稻加工品提供高效的流通环境，促进水稻产业的发展。

4. 完善政府支持政策

首先，不断优化产业结构，以工业园为载体，积极引导农产品加工业往此聚集。并积极采用各种高新技术，实现产业技术升级。其次，转型升级农产品加工业发展方式，促进包括加工、分销和销售在内的整个产业链的建设，将农产品加工业整合到"互联网＋"现代农业活动中。最后，稳步提升农产品加工业竞争力，鼓励农产品加工企业与各种上下游市场主体建立稳定的生产、供销关系，与农民建立利益共同体。加强农产品品牌建设，促进农产品加工业中的高品质明星品牌与安全优质的农产品加工品牌建设，推广当地公共品牌和"老字号品牌"。

（二）积极培育龙头企业和中介组织

1. 积极培育水稻加工龙头企业

加快发展具有竞争优势和强劲动力的水稻加工龙头企业，各级要充分掌握重大农业产业化项目管理，通过有效管理，确保新项目取得成功。同时要建立高素质的企业家队伍以及战略性思想，正确处理与企业、员工和农民的关系。在鼓励大米加工业成为国际比较优势产业的前提下，以主业为重点，通过兼并、联合、合资扩大经营规模，提高国际竞争力。完善公司治理，激活管理机制，完善监督机制，加快现代企业制度建设和完善，实施名优品牌战略。建立健全大米质量检验检查制度，加强各地质检中心建设，安排专用设备，培训检验人员，严格检验检查制度。

2. 健全产权流转机制，壮大水稻加工龙头企业

建立和完善土地流转机制，在保护现有土地基本制度的基础上，利用土地

三权分立，促进土地流转。促进土地向农业大户和农业龙头企业流转，以实现水稻产业区域化、规模化和专业化发展。

3. 发挥协会优势，保护农户利益

农民在与企业打交道时一直处于劣势，不能从根本上保证自己的利益，因此应鼓励农民积极加入相关的稻米种植农业协会。作为中介机构，它通过向公司和农户提供及时的供需信息，并不断调整生产和经营行为以及收入预期，来帮助消除、避免、分散和转移市场价格风险。农民之间的有效联盟可以提升在竞争市场中的地位，尽量确保农民和企业之间关系平等。

4. 合作社与水稻加工龙头企业共同发展

从发达国家吸取的经验来讲，农民合作经济组织不仅可以更好地预测市场情报，提高议价能力，还可以避免单纯的价格（削价）竞争，进而提高产品质量并寻求更有利的购买渠道。双方合作，能够从整体上提高农业的市场绩效。

（三）完善水稻加工业组织退出机制

水稻加工业个体突变是形态健康演进过程中的常态。个体突变对企业形态存续可能没有太大影响，但是，对与之缔约的农户乃至地方政府则举足轻重。对于那些抗风险能力低、内部经营管理不善导致市场竞争和生存能力不强的水稻加工业组织，建立优胜劣汰的市场化退出机制，就可以从外部监管环节入手，促使水稻加工业组织不断提高自己的生存和竞争能力。

1. 完善退出机制的必要性

退出机制有利于问题企业及时退出和良性企业的继续发展，有利于实现产业的良性循环。有利于实现资源的优化配置，有利于生产经营状况良好的企业获得退出企业的资源来满足自身发展所需，也可以降低企业所面临的市场风险。有利于保障农民的利益，不至于使农民与单一企业绑定，从而面临巨大的市场风险。

2. 水稻加工业组织退出的可能方式

为了使水稻加工业组织平稳退出，结合实际情况，退出方式可有多种选择，如资产重组、行政接管、托管、破产等。

3. 退出机制的完善

水稻加工业组织退出涉及广泛的农户，具有独特的性质。在退出机制的设计过程中，保护水稻加工业与契约农户关系的稳定性是需要重点考虑的问题。当然，市场机制还应当在退出机制中居于基础地位，在此基础上辅以其他方式，如强制性保障和保险机制以及建立完善法律法规和规范，这样退出市场才可能真正有效运转。

（四）健全农业技术供给体系

1. 政府主导，加大农业基础研究的投入

在现有的市场情况下，政府的投入仍然是农业研究资金的重要来源。政府投入的多少在一定程度上决定了农业研究是否能够促进农业生产力的增长。各级政府的财政要发挥宏观分配作用，合理配置资源投入，以满足农业技术发展的资金需要。

2. 企业参与，构建农业应用研究和推广基础平台

农业应用研究和推广企业化系统是指根据公司方法组织相关活动并根据市场规则进行操作。当前的农业应用研究系统很难适应各种农业技术需求，如技术创新目标、激励方法和创新领域。它需要被引入创新的市场激励措施。一些政府资助的农业研究机构、农业企业以及现有的研究和扩展机构都可以对此负责。

3. 服务基层，完善农业研究与推广的政府系统

对于无法有效保护市场知识产权或难以实现的农业技术而言，预期的私人利益与社会利益之间的巨大差距无法有效吸引仅出于自身利益考虑而参与研究和推广的民间投资者，从而导致市场失灵。政府必须对农业研究和推广进行投资，对于与国家食品安全、环境保护和社会稳定以及国家农业政策有关的研究和扩展，通常要求政府监督研究计划并提供实施所需的资源。

4. 面向世界，开展全方位的农业高新技术合作与交流

我国的农业产业发展与国外相比仍然比较落后。因此要想实现农业的高效发展，必然要引进国外的先进技术，也要进行自我研发。坚持引进来与走出去，两者结合，不断提高我国农业的国际竞争力。

六、本章小结

本部分主要对天津水稻加工业进行分析，首先对天津市目前水稻加工业的发展状况进行阶段性分析，再对加工业组织结构、产业布局及主要特征进行叙述，使水稻加工业的整体认知轮廓更加清晰。然后对水稻产业存在的问题及影响因素进行挖掘，使天津水稻加工业面临的不足和挑战以文字的形式充分展现。最后对其现有模式及选择提出相应的对策建议，为天津水稻加工业的发展指明方向，同时能够提高天津水稻加工企业的加工水平及竞争力。

第六章　天津水稻营销渠道

一、天津水稻营销渠道现状

（一）天津水稻营销渠道概况

　　天津地处华北平原，经济发达，但农业产值仅占 GDP 的 4％，是典型的小农业、大工业的发展格局。水稻流通市场的主要特征是以家庭为单位精耕细作的小生产供给庞大的水稻市场，多种经济成分、多种经营形式、多条流通渠道并存的水稻营销渠道格局。目前天津水稻流通渠道模式主要以传统营销渠道为主，新兴流通渠道逐步崛起，多种流通渠道并行发展。以下分别从渠道成员的组织机构、流通路径以及渠道成员之间的关系三个方面来描述天津水稻营销渠道的发展现状（图 6-1）。

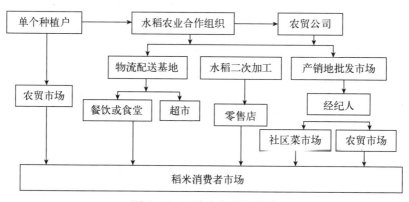

图 6-1　天津水稻营销渠道

　　传统水稻流通渠道自上而下组建，种植户处于顶端，稻米消费者处于最下端，中间层平均要经过 3～5 级渠道长度，是一个以长渠道为主要渠道模式的行业；依附于该长渠道的组织种类繁多，生产端包括单个种植户、水稻农业合作组织、水稻加工企业、农贸公司等，流通端主要包括批发市场、零售市场、物流配送公司、二次加工商以及各种终端销售组织；渠道关系主要由其科层组织结构决定，农户和消费者处于不利的地位，而中间商在整个渠道体系中处于非常有利的位置，利用信息不对称的弊端直接和消费者打交道，逐层加价，使得整体营销渠道的流通效率大大降低。

如表6-1所示，天津市水稻的营销渠道种类繁多，简单地可以划分为传统生产导向性渠道和新型顾客导向性渠道。

表6-1 天津水稻营销渠道分类

类型	渠道模式	主要内容	基本特点
生产导向性	简单运销模式 中间商主导模式 纵向一体化模式	农民—消费者 农户—中间商—消费者 农户合作组织或农商综合体—消费者	首先，以农业生产为中心；其次，营销方式是生产—市场；再次，渠道成员处在完全竞争状态；最后，渠道利益流向中间商
顾客导向性	逆向渠道模式	农业组织—消费者—中间商	以顾客需求为中心，进行农产品生产和推广，注重占领顾客心智资源

（二）天津水稻营销渠道存在的问题

1. 长渠道模式导致渠道效率下降

天津水稻的自给率不高，大部分水稻销售依靠的是批发零售环节，这种环节在水稻生产户和水稻购买者之间形成一条很长的交易链，造成生产者和消费者的信息不对称，进而导致生产和消费的脱节；此外，交易链上不同利益群层层加价，导致水稻市场的终端价格波动幅度巨大。

2. 渠道权力失衡

渠道的利益分配呈现两头小、中间大的模式。农业生产具有一定的周期性，农民对市场的需求预测仅仅凭借以往的经验，同时因水稻种植户无法承担技术研发、水稻流通等巨额费用，被排除在流通领域之外；稻米的终端消费者自主选择余地有限，和水稻种植户一样都是水稻流通渠道价格中的接受者。渠道商垄断了水稻的流通和定价权，大大降低了农民生产经营的积极性。因此，农业一体化经营是近年来政府大力发展的农产品流通渠道模式，但由于水稻龙头企业一般规模较小，发展缓慢，对流通渠道的改善杯水车薪。

3. 流通辐射半径过小

水稻的销售呈现出很强的地域限制，以天津本地批发市场为例，大多数稻米在产地附近销售，稻米外销到其他地方的数量及比重有限，而且由于水稻的区域流通不足，一到水稻收割的季节，大批稻米就会集聚在产地附近，外销不出去，造成产地稻米供过于求，出现滞销困局。营销渠道辐射范围大可以有效保证水稻供求关系的基本平衡，保护种植户和稻米消费者的利益，使水稻生产保持稳定平衡。

4. 渠道组织不成熟且规模小、档次低

天津水稻渠道组织主要包括农业合作社、批发零售组织、以龙头企业为核心的商贸集团等，其组织规模普遍较小，缺乏核心能力，产业化程度低，在竞争异常激烈的市场营销中，无法成为具有实力的营销主体。尤其是作为渠道主力的批发市场，其在价格发现、辐射能力、信息服务、物流服务、检验检测等功能方面非常薄弱和欠缺，特别是在农产品质量安全保障方面存在严重的缺陷。

5. 渠道组织及其成员多且组织结构复杂

传统流通模式中，渠道成员包括种植户、一道贩、二道贩、物流企业、津城批发市场、零售小贩等，导致通过层层加价，在种植户和稻米消费者之间形成了冗长的交易链以及复杂的利益分配关系，水稻信息被层层过滤，供求信息传递失真，供求失衡现象时有发生；目前天津水稻中间商主要以私人和个体为主，规模小、实力弱。这些过多和过散的渠道参与成员对农产品的规模经济和范畴经济的形成产生很大的障碍。

6. 渠道组织功能不健全

天津市水稻的流通主要以农产品批发市场、农贸市场为媒介，虽然在水稻的集散、销售等方面发挥了重要作用，但并不能有效解决产销环节中小生产与大市场的矛盾。因为营销渠道组织基本是通过简单的利益联结，按照农产品分类，将农户组织起来，只负责销售并从中提取利润，而渠道组织的信息功能、指导教育功能、利益分配功能、组织功能等都没有充分发挥出来。此外，营销组织无论在规模上还是在交易方式上，还不能完全适应经济社会发展需要，离农产品营销渠道体系的现代化还有一定的差距。

二、天津水稻营销渠道模式

（一）终端直销模式

终端直销模式主要以零售为主，虽然存在少量批发商，但主要是通过授权商直接向终端零售商提供货源并提供相应的营销支持，以终端直销为主。稻米行业零售的特点是小批量、多批次购买，而营销渠道终端的控制将有助于区域一级代理商在竞争中取得优势。在终端直销渠道模式中，一级代理商将大型卖场和连锁超市作为主要的分销支点，依靠这些特通渠道完成大部分产品的销售，相反批发商的作用较弱。同时一级代理商还向渠道终端提供相应的支持和

服务，如提供免费的广告、提供人员支持、提供渠道开发经验等，确保渠道能够在公司规定价格区间内保持稳定，以维持企业的利润空间，避免因为砸价出现销量上升而利润下降的局面，此时一级批发商更像是企业在区域设立的一个分公司，更多地发挥了市场管理和维护的功能。同时公司鼓励经销商和批发商直接进入零售终端，通过不断增大的市场覆盖率保障企业渠道能够高效运营。

图6-2是小站稻的渠道终端直销模式，从渠道构架和上述分析可以得出，终端直销模式具有两个基本特征，首先一级批发商取代了分公司，并执行了分公司的基本管理职能，零售终端依托一级批发商。一级批发商的主要功能是完成小站稻的存储管理并负责终端的"最后一公里"的物流运输；同时为零售商提供终端柜台、促销员以及终端营销人员的培训等工作，协助零售商处理商品的投诉，监督零售商的财务状况，维持零售市场价格体系的平衡，对于违反公司规定的"串货""砸价"等行为给予一定的处罚和制止。这样零售商就可以专心地负责零售终端的管理以及客源的维护，扩大市场份额。

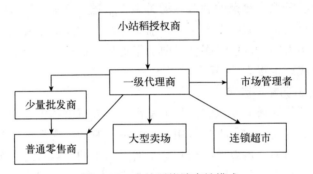

图6-2　小站稻终端直销模式

（二）合作分销模式

合作分销模式就是区域分公司将所辖区域进行二次划分，进一步将所辖区域进行细分并设立办事处（图6-3）。

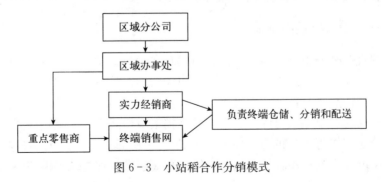

图6-3　小站稻合作分销模式

小站稻的合作分销模式，首先是以原产地天津为中心，以小站稻辐射半径为主要销售区域，对于区域内的经销商根据其经销实力采用终端直销和协助分销的渠道模式，对于空白市场可以采用区域代理制度，逐步扩展经销范围。

该模式最大的特点是区块管理，强强联合。区域分公司选择实力较强的区域经销商，一般来说该经销商具备三个要素，即强大的深度分销能力、完善的销售网络及高效的物流配送系统。办事处的主要职能是负责区域分公司与经销商的协调工作，具体运作模式是由经销商向区域分公司预付保证金，保证公司的经营符合分公司的相关要求，同时经销商要负责市场开发与分销工作。经销商利润主要来自渠道价差、销售返点以及渠道奖励三部分。办事处主要负责主要终端客户的销售管理，如货架摆放、铺货率及终端市场的客源维护，普通客户一般由经销商负责维护。

合作分销渠道模式最主要的特点是分工明确、条块管理，充分发挥了三者之间的优势和特点，可以最大限度地降低区域分公司拓展市场的成本，区域分公司只负责公司形象、品牌形象的运作推广，通过预付保证金实现对经销商的有效控制；区域办事处职能尽可能简化，主要负责大型终端的维护和管理，不向经销商负责供货，其重要的职能是通过参与经销商的日常营销管理和客情维护，确保区域价格体系的稳定，同时及时了解终端市场变化情况，将市场信息有效地进行传递，督促公司及时改善；区域经销商主要的工作是负责区域的深度分销，进行日常的销售管理与客源维护，包括终端产品展示、零售网络拓展、开展相应的促销互动等。

（三）区域代理分销模式

区域代理分销模式是区域分公司通过地区专员的形式，下辖区域派出常驻人员，负责协调和监督经销商互动，经销商全权负责区域开发与维护。这种模式下，经销商的地位相对重要，公司对经销商依赖程度较高，分公司在人员和资金实力不足的情况下会采用这种渠道模式。同时区域经销商有权力进一步发展区域代理商或者直接向零售商提供货源，对当地渠道资源有较强的掌控能力。

具体合作模式是由分公司与经销商就区域销售价格达成一致后，经销商负责选择区域下一级代理商或者直接进行终端市场的开发，分公司不再干涉（图6-4）。

小站稻作为母公司，开拓市场、扩展渠道应该因地制宜，经销商的选择决定了渠道战略能否顺利进行，需要从公司战略目标出发，多维度进行决策。考察经销商可以从经销商的经济实力、忠诚度、渠道开拓能力、分销能力等方面来考察，同时要结合当地的经济发展水平和稻米市场的基本状况进行选择。根

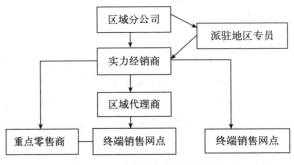

图6-4　小站稻区域代理模式

据小站稻对于各地市场品牌影响力和市场占有率情况，因地制宜采用终端直销、合作分销、区域代理商制度，对于优秀的渠道资源应该加大渠道建设投入力度，主动分摊经营成本，实现渠道利润最大化，与经销商建立休戚与共的利益共同体。

其次区域分公司要根据市场发展的需要和业态模式的发展需要，逐步调整原有的单一渠道模式，整合和创新渠道模式，先将区域市场进行细分，确定重点开发地区、重要开发地区和一般地区，分别设置三种不同的营销渠道模式。在此基础上对公司的资源进行有效整合，逐步在重点市场和区域进行有组织的渗透和维持，增强终端配送、大型终端零售商的维护以及终端渠道建设方面的影响力和支配力，实现渠道扩展，开发一地，维持一地，成功一地，逐步走向全国。

（四）渠道掌控模式

营销渠道关系到产品到达消费者的效率和效益，是消费者了解产品的重要通路。当前小站稻的渠道主要是销售企业独立开发的，由于我国稻米市场广阔，各地市场营销情况差异较大，小站稻生产和销售企业往往根据自身及渠道建设的经济性和效率性相统一的原则建立。不同小站稻企业都有自己的传统市场，也在不断拓展新的渠道模式，注重调动经销商的积极性，注重渠道利益关系的平衡和把握，注重打造属于自己的产品供应链。因此在渠道掌控方面大部分小站稻经销商主要依靠产品质量和价格作为渠道推广的主要掌控模式，产品主要处于红海模式，渠道竞争比较激烈。近年来，随着电商直播、产业融合等新的营销方式的出现，打造一体化产业链成为小站稻生产者掌控渠道的新方式，也是快速提高小站稻市场地位的重要方法。本着渠道建设要遵循因地制宜原则和高效通畅原则，注重与经销商协作共赢的原则，天津小站稻渠道掌控模式开始从红海模式向蓝海模式转变。通过上述分析得出如下结论：稻米行业是我国传统行业，从消费者购买角度说具有量小、次数多的特点，品牌、价格、味道都会对购买产生影响，因此销售模式与其他产业比较相对传统，利润少，创新相对艰难。农贸市场、超市、粮店是主要大米经销网点，消费形式也仅仅限于顾客上门，大量销售是通过口碑营销和关系户倾销到某个群体，因此从整体上构建营销渠道模式，对于小站稻走向全国，成为全国知名品牌具有重要意义。小站稻营销渠道要充分与市场接轨，既要注重当地市场的基本情况，又要注重文化传播，将稻米与精神食粮相结合，不仅仅吃得好，吃得安全，还吃得有文化。这就需要一个团队去运作，如何引导消费群体，如何宣传大米文化，如何控制渠道运作，进行渠道激励以及渠道促销，是未来需要继续研究的方向。小站稻的营销渠道战术主要由产品组合策略、定价策略、终端渠道策略及促销策略构成。

三、水稻的逆向营销渠道

（一）水稻逆向营销渠道的内容

在现代消费者需求个性化的背景下，传统金字塔型渠道模式的弊端越来越明显，产销脱钩、产品滞销等问题对传统渠道模式提出了挑战。渠道创新成为商家获得竞争优势的一个重要突破口，创新渠道既要能够满足消费者的需求，又要能够协调生产者、经销者之间的利益关系，构建高效分销网络系统，逆向营销渠道在这样的背景下产生了。

如图 6-5 所示，水稻产业逆向营销渠道的设计必须以消费者需求作为导

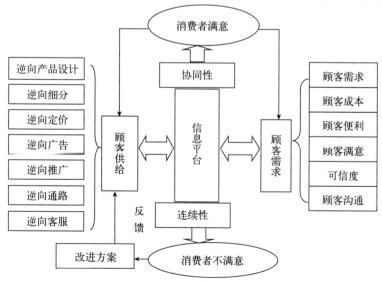

图 6-5　水稻的逆向营销渠道的模式

向，在考虑顾客需求、成本、便利、满意、可信度，与顾客充分沟通的基础上，通过终端信息的汇总，在保持顾客满意前提下进行产品、广告、定价、客服等市场营销运作，通过需求端与供给端的协同实现顾客满意，培养自己的消费群体。

在实际运营过程中，首先应该注重终端消费市场的培育，前期通过直供等方式，依托口碑营销让消费者直接体验到稻米的卖点，然后根据消费者的反馈，通过对稻米产品的宣传、定价、推广等营销活动进行逆向推广。其次是加强中端渠道控制，一方面要强化中端零售商的培养，通过经常性走访，对核心零售商的物质奖励等措施打造一支高效、双向信息畅通的零售商队伍。再次通过核心零售团队在终端市场产生示范效应，将中间商的代理积极性调动起来，依托终端优势，逆向建立经销商和代理商团队。体系构建过程中通常采取弱化一级经销商，加强二级经销商，决胜终端零售商的渠道搭建战略，注重稻米大客户和忠实客户的售后服务体系的建设，搭建相应的客服体系和物流配送体系，提高其满意度。最后是构建水稻产品沟通信息平台，一方面展示新产品，另一方面强化与消费者双向沟通，通过大数据分析适时将产品信息推送到消费者面前，提高企业渠道运营效率。

逆向营销从种植户角度来说，其主要建设内容如下：

（1）逆向产品设计。通过互联网等自动化平台与工具，消费者将自己的需要传递给生产者，由生产者组织生产。

（2）逆向定价。使消费者得以从价格的接受者转变成价格的制定者。

（3）逆向广告。提供点播的服务，让顾客点选自己感兴趣的广告。

（4）逆向推广。强调体验式推广，通过折价券和促销品、体验免费样品、定制体验服务等方式，让更多的人参与到产品消费过程中，通过口碑传播与病毒式营销进行推广。

（5）逆向通路。逆向通路的特征就是把展示间搬到顾客家中，顾客不必跑到企业或经销商的展示间去看。如增加尽可能贴近消费者的营业网点，利用网络商店与网络直销来销售商品，利用自己的网站或者在第三方平台开通商铺。

（6）逆向细分。利用现代远程网络工具，在网络上通过有奖调查、优惠咨询等方式，对精准用户进行信息采集和挖掘，了解现实顾客和潜在顾客的需求和痛点。

（7）逆向客服。主动通过邮件、电话、主题活动等方式对顾客消费体验进行追踪和总结，对顾客感兴趣的地方进行挖掘，为营销战略实施做参考。

（二）水稻逆向营销渠道内在动力类型和运转机制

由于逆向渠道基层渠道组织广泛而重要，所以基层阶梯差价通常包括基本价差、销售奖励、促销支援、津贴补助、驻地业务支援五大方面；水稻逆向渠道的拉力主要是水稻品牌的驱动，通过终端广告投入和品牌推广，提升水稻产品的市场需求量。水稻的逆向营销渠道的动力与机制主要有四种模式，具体如图6-6所示。

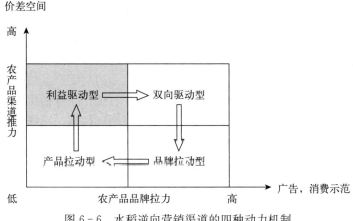

图6-6　水稻逆向营销渠道的四种动力机制

（1）产品拉动型。该类企业注重产品的质量，以质量赢得消费者的信任，对渠道建设和广告投入较少，将主要精力应用在产品研发上，以质取胜。高质量的产品，相对更低的价格，从而保证产品的性价比，也就自然保证了产品的产品力与销售力。

（2）品牌拉动型。品牌意味着产品在顾客心里占据一定的位置，品牌偏好往往意味着一种消费习惯，这些潜意识里的消费习惯往往成为最终购买的决定力量。

（3）利益驱动型。强化通路建设，一夜之间产品遍布市场，通过强化生产管理，降低产品成本，以略低于行业传统品牌价格的方式进行市场营销，占领市场。

（4）双向驱动型。营销渠道可以使产品更加接近消费群体，在时间和空间便利上对消费产生推动力量；同时广告宣传和口碑营销可以有效拉动市场需求，可以推动有效需求向决策演进，可以推动无效需求向有效需求转化。

水稻作为主食农产品刚投入市场时，由于前期投入大，且受生长周期、水稻产量、口感等多方面因素的影响，水稻产品没有知名度，资金能力不强而且风险大，对营销渠道有较强依赖，尤其是逆向渠道，要使得稻米购买者尽可能接触到水稻产品时首推利益驱动型渠道；随着水稻销售量的不断提高，为了阻止其他竞争者进入，广告宣传费用逐步上升，同时逆向渠道的中间商较少，渠道的高额价差体系得以维持。随着稻米购买者对水稻产品认知的逐步加深，以及其他品牌产品的不断涌现，消费者会出现认知体验逐步疲劳，参与度逐步降低，其消费会逐步转移到其他产品上，渠道间争夺消费者的价格战逐步开始，讨价还价、相互杀价导致渠道的利润逐步减少。这样，利益驱动型也就自然向双向驱动型渠道推动模式演进，增加品牌影响力对渠道的拉力，推动农产品销售。

随着竞争越来越充分，渠道阶梯价差进一步缩小，当所有中间商都只获得正常利润的时候，整个渠道价差体系达到均衡，此时要保持营销体系的发展动力，双向模式向品牌拉力及产品拉动型转变和演进成为必要，以产品创新带动渠道发展和深化，进一步以品牌保持企业产品生命力。而产品线的扩张、品牌的不断延伸，就意味着市场的均衡将会被进一步打破，企业的渠道动力转化为利益驱动型，新一轮的循环重新开始，而每一次循环往复，意味着农产品市场新的成长。这个过程体现了农产品在营销过程中营销模式的演进过程，也是农产品渠道不断完善，产品建设和品牌建设完善的过程。

（三）水稻逆向营销渠道的销售终端管理

1. 水稻逆向营销渠道的销售终端分类

水稻逆向渠道的终端是稻米与消费者展示和交易的场所，对终端的选择和管理是渠道管理的重点工作，重视终端的管理和互动，找到适合自己的、能提升销售的战略终端，是水稻逆向渠道建立的重要条件，一般来说，水稻逆向渠道的终端可以有如下划分，如表 6-2 所示。

表 6-2　水稻逆向渠道的终端分类

逆向渠道终端分类	具体细分	基本内容
一般划分	普通终端	分散的农产品营业网点，种类多，形式各异
	消费终端	饭店、批发市场等即时消费点
	直接终端	地头直接销售、订单农业
	虚拟终端	网络营销
按功能划分	盈利型	能够带来利润的网点
	形象展示型	主要是为了宣传水稻品种的网点
	促销型	为了吸引消费者的网点，盈利不是第一位的
	竞争型	主要是为了体现价值而存在的网点
按性质划分	企业自营	水稻产品专卖店
	合作经营	代收农产品商店
	承包经营	特许经营

（续）

逆向渠道终端分类	具体细分	基本内容
按特殊性划分	移动型终端	移动大篷车或者移动路演
	虚拟型终端	电视购物、网络购物
	自动型终端	自动售货机

2. 水稻逆向营销渠道销售终端的分类管理

对于农业产业组织或农业企业来说，按照以上四个方面来进行终端渠道划分。渠道成员众多，而且实力不同，能够为销售终端提供不同的价值，服务水平和管理水平差异很显著，因此需要对终端进行精准的划分。在确定水稻逆向渠道战略的终端过程中要遵循两个基本原则：一是"二八法则"，就是不是所有的终端都是水稻产品利润的来源，一般水稻产品 80% 的利润来自 20% 的有效终端；一是有些终端是固定带来销售利润的，而有些终端是需要拉动才能促进销售。水稻战略终端的选择要考虑农业组织的资源状况、营销战略、品牌效应、市场占有率等基本情况，根据市场和产品的具体特征确定。要实现终端价值最大化，要对终端实行分类、分级管理，使得有限资源能够得到最优使用。

3. 建立水稻逆向营销渠道销售终端分级管理标准

逆向营销渠道必须十分重视销售终端，而水稻终端市场的需求一方面是刚性需求，另一方面存在着很强的替代效应，因此水稻终端在信息沟通、促进销售方面发挥了重要的作用。水稻销售终端存在的形式也是多种多样的，既有游动的零售商贩，又有大型商超，在企业资源有限的情况下，必须对水稻销售终端进行分类。分类如表 6-3 所示，A 至 F 六类指标，将水稻的逆向渠道终端划分为六个类别，终端的划分标准既是渠道分类的基础，又是农业组织或企业为终端提供服务与支持的依据和标准。

表 6-3　终端分级标准

一级指标	二级指标	三级指标
终端分级标准	A 终端硬件标准	1. 有固定营业场所：面积、所处地段、装修状况等； 2. 公司规模：总人数，管理人员与销售人员的比例，人员年龄、性别、知识结构是否合理等； 3. 是否有完善的管理制度； 4. 企业综合能力：经营效益状况、信用状况、融资能力
	B 销售标准	1. 销售金额； 2. 销售辐射半径

（续）

一级指标	二级指标	三级指标
终端分级标准	C 终端形象标准	1. 终端店面形象； 2. 终端品牌形象； 3. 顾客忠诚度
	D 终端信息化管理	1. 是否有信息管理系统； 2. 能否有独立的信息管理部门进行信息挖掘； 3. 能否进行信息双向沟通
	E 终端信用忠诚度	1. 是否存在信用违约情况； 2. 能否专注于本产品销售； 3. 是否将自身资源用于产品促销
	F 终端关系标准	1. 是否相互参股、持股； 2. 是否建立战略联盟； 3. 相互支持程度

不同地区，终端的划分具体标准可能有所不同，就天津地区而言，水稻地区的销售终端分成五类：A 类是精英终端，B 类是核心终端，C 类是活跃终端，D 类是潜力终端，E 类是沉默终端。一般来说精英终端营业面积在100 米²以上，地处较为繁华的商圈，辐射半径超过 3 千米；员工在 50 人以上，人员结构合理，管理制度健全，企业经济效益良好；在消费者心目中有良好的形象，有固定的顾客群体；农业企业有很强的信息挖掘能力；促销能力强，销售能力强，能够与水稻种植大户结成战略联盟。这类终端一般是指辐射能力强的大型超市。

B、C、D、E 类终端分类条件依次递减，一般来说，核心终端是指大型的设施完善的社区农贸市场，活跃终端是指早市或者晚市的路边农贸市场，潜力终端是指单独蔬菜店或者伴生于其他销售点的固定销售网点，沉默终端是指偶尔销售水稻的网点。天津水稻产品的具体销售终端的基本情况如表 6-4 所示。

表 6-4　天津水稻终端的五类分级及基本内容

分类支持	A 类 精英终端	B 类 核心终端	C 类 活跃终端	D 类 潜力终端	E 类 沉默终端
供货支持	最优货源支持，优先高端品、紧缺货源供应，不断货，不减量	及时提供货源支持，次优高端品、紧缺货源供应，不断货，少量供应	适度控制供货量，定时补充货源，以普通货为主	实施供货总量控制，加强走访指导	定期供货，定期加强沟通

（续）

分类支持	A类 精英终端	B类 核心终端	C类 活跃终端	D类 潜力终端	E类 沉默终端
价差空间	最大的让利空间	较大的让利空间	正常的让利空间	正常的让利空间	较小的让利空间
需求满足	充分满足其需求	尽力满足其需求	较好满足其需求	基本满足其需求	保证不断货
价值合作度	建立联合管理机构，参股控股，信息双向沟通，共享品牌价值和销售利润	提供品牌支撑，树立产品形象，强化沟通	提供一定的品牌支撑，建立定期沟通制度	定期提供品牌支持，定期进行信息沟通	无价值合作，起到品牌展示的作用
促销资源倾斜	优先安排促销资源，政策性倾斜对象	尽力安排促销资源，尽力进行政策支持	定期安排促销资源	偶尔安排促销资源	不安排促销资源

以上五类终端都体现品牌展示、信息采集、消费跟踪等特色功能，一般来说精英终端、核心终端、活跃终端起到了汇集现金流、完成销售任务的作用；潜力终端和沉默终端起到了弥补市场空缺、方便消费者的功能。在特定市场条件下，在需求推动下，沉默终端可能向潜力终端转换，潜力终端也可能转化为活跃终端，其中农业企业的支持和帮助会起到十分重要的作用。

4. 水稻逆向营销渠道销售终端支持体系建设

在消费者分类的基础上，通过分级投放、价值服务来建立逆向渠道终端支持体系。针对农产品终端的特性，终端支持主要包括货源支持、形象支持、促销支持、文化支持及管理支持。逆向渠道终端支持是水稻产品零售终端标准的实现手段，也是产品零售终端服务的核心内容，是水稻品牌培育和零售终端提升的核心内容（图 6-7）。

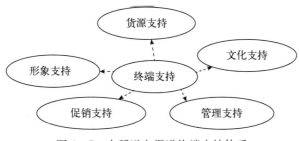

图 6-7　水稻逆向渠道终端支持体系

（1）**货源支持**。水稻逆向渠道快速为不同客户进行供货数量、供货频次的安排，一般如水稻的品种、紧俏水稻供货和水稻新品供货等，其中涉及公司对财政政策和物流政策的执行。

（2）**形象支持**。以改善终端销售环境、提升小站稻品牌知名度为目的，在销售终端设立包括背景板、专柜、展柜、宣传物料、促销员的服装等促销产品，帮助终端进行统一规划，突出品牌形象。

（3）**促销支持**。在零售终端配置足够的宣传物料、促销礼品，降低促销员的销售难度，提高稻米的终端成交率。商家、城市经理、督导、促销员要紧密合作，进行强有力的创意策划，并由一线队伍有力执行、多方协作才能完成促销任务。

（4）**文化支持**。通过渠道培训，建立一套完整的稻米促销员的专员招聘、培训、上岗辅导以及日常管理等工作制度，并设置相应的管理岗位，如相关部门负责执行。使终端销售员工掌握小站稻的品牌文化，并用文化支撑稻米的销售。

（5）**管理支持**。确保上述的硬、软终端资源发挥作用，建立相应的管理制度，形成管理制度体系。如硬终端管理制度、软终端管理制度、组织架构和岗位职责、终端信息管理制度等，确保工作指令的下达、终端信息的及时反馈、终端资源的合理配置等均能得到高效、准确执行。

5. 水稻逆向营销渠道销售终端管理对策

水稻逆向营销渠道最大的优势就是直接面对终端需求，这种需求包括消费者需求和零售终端的需求，因此制定高效的终端管理对策对逆向营销渠道至关重要。逆向渠道终端管理主要内容如下：

（1）**逆向渠道的终端激励对策**。逆向渠道的零售终端情况各异，规模实力和管理水平差异很大，需求千差万别，但按照马斯洛需求层次理论，可以对水稻终端需求进行基本分类，如表6-5所示。结合水稻零售商的终端分类，具体分析其需求情况，有针对性地对其需求提出相应的激励，进而有效提高终端稻米销售的执行力和忠诚度。

表6-5　水稻的核心零售商需求分析和激励措施

核心零售商的需要	激励手段
生存需要	提供畅销产品、高利润空间、销售奖励设计
发展需要	设立专柜展示、提供广告支持、广告津贴、提供销售测试
社交需要	定期走访、给予困难终端特殊支持、情感交往、联合促销
受尊重需要	提供培训机会、提供经营诊断服务、共享市场信息
自我实现需要	结成战略伙伴关系，互相参股经营

（2）水稻逆向渠道控制对策。 水稻逆向渠道的控制主要是指零售商在终端围绕目标客户结成的利益联盟，以稻米消费者为中心，以合作为保障进行的稻米销售的渠道开发、维护联合模式。这种模式往往十分不稳定，当有同类竞争者，如其他历史悠久且食味优良的稻米品种进入的时候，这种联盟很容易解体。因此，要组建比较稳定的终端水稻渠道联盟，通过参与对方的水稻新品开发、产品供给、货品管理、价格制定、组建共同的信息平台等方式，结成比较稳定的渠道关系，通过加强逆向渠道控制，形成共同的愿景和利益关联，共同降低管理成本，服务目标客户，稳定水稻联盟成员，形成渠道竞争的优势。

（3）逆向渠道终端发展对策。 水稻逆向营销渠道终端发展必须坚持双向发展的对策，一方面水稻的终端担负着稻米销售的功能，另一方面终端也是水稻产品种类宣传的主阵地。根据销售终端的不同类型和具体情况，可以采用不同的终端发展策略。对于大型的终端可以将其作为核心终端，通过利益输送建立稳定的合作关系；对于中等规模的终端，可以将其作为稻米销售终端，其管理更多地体现在为稻米的销售作贡献；对于小型终端，一些可以作为广告宣传和消费者沟通的阵地，另一些可以作为普通终端，通过客情维护、走访等方式，强化水稻品牌的存在。通过对终端的评估，投入相应的企业资源，这样可以实现企业效益的最大化。

（4）重视终端软实力建设。 改变过去水稻销售投入主要重视利益输入的模式，重视水稻产品的软实力在稻米销售终端的体现。加强一线稻米销售人员的素质培训，强化情感沟通和敬业精神，往往可以起到事半功倍的效果。终端软实力可以通过组建水稻行业联谊会、赠送稻米周边的小礼品、组织稻田观摩等方式进行，通过共同组织活动，增进感情；也可以采用参观稻米加工工厂等方式，展示水稻产业一体化的强大实力，进而提高销售终端的稳定性。终端导购人员体系的建设在此就显得十分重要了，其工资体系、绩效体系建设必须能够体现终端人员的价值，使其能够以组织为家，且认同水稻品牌文化，塑造良好的终端形象，维护企业利益。

（5）注重向社区和农村精细化渗透。 水稻市场属于完全竞争市场，产品竞争主要在终端进行，渠道下沉，强化渠道管理成为逆向渠道终端制胜的法宝。社区和新型城市化农村已经成为农产品竞争的主战场。水稻作为主要粮食产物更是离不开社区的主战场，一方面社区人群密集，便利店、杂货店往往辐射整个社区，是销售信息的主要集散地，因此社区公告栏、便利店成为水稻销售终端管理的首要目标；另一方面，城市化建设，使得天津这样的发达地区，农村和城市差别在逐步缩小，通过在新型农村进行墙体广告宣传、组建制定供应点等方式，既能很好地宣传产品，又能有效利用农村社会关系进行渠道建设和探查，未来渠道建设必然向精细化、服务化方向发展，逆向渠道也必然向社区及农村不断渗透和发展。

四、互联网经济下水稻营销渠道创新

（一）消费扶贫助推渠道发展

消费扶贫助推水稻产品营销渠道模式创新，尤其是2020年脱贫攻坚决胜之年又受新冠疫情影响，社会全力投入脱贫攻坚战略，电商平台、社会创业机构在消费扶贫中发挥重要的作用，也形成了农产品营销新渠道模式，如图6-8所示。水稻生产者包括单个种植户、水稻生产基地、水稻生产园区等，互联网平台指有助于稻米销售和品牌传播的电商平台、新媒体平台等，新业态组织指MCN机构、社会创业机构、微商组织等，终端消费者则包括个人、企业、学校食堂等。

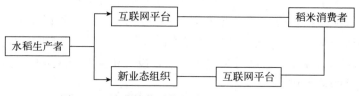

图6-8 消费扶贫助推的水稻营销渠道新模式

1. 水稻生产者—平台—稻米消费者模式

国内电商和物流发展，尤其是冷链物流发展，为农产品电商发展提供了条件，农产品成为垂直类、综合类电商平台、社区团购平台以及新媒体平台的快速成长性经营类目。农产品生产者评估自身生产规模、人才配置、资金投入等要素后，选择不同经营方式、不同平台进行合作。同时，衍生出农业众筹、动植物领养等销售新策略。在脱贫攻坚阶段，各知名平台在政府部门组织下，深入县域进行合作，使这种渠道模式被认可并广泛采用。在这种模式下，平台主要贡献流量，实现农产品销售和品牌宣传，也缩短了渠道，使农产品运输时效提高，销售范围扩大。但因农产品生产者的平台运营水平、服务和品质管理水平参差不齐，在消费不断升级的国内大市场背景下，农产品平台渠道模式的管理水平也有待提高。

2. 水稻生产者—新业态组织—网络信息平台—稻米消费者模式

基于网络数字技术的跨界发展，形成新业态，并在新冠疫情环境下支撑消费逆势发展，新业态组织成为消费扶贫中的新动力。渠道中新业态组织主要包括MCN机构、社会创业机构、微商等。MCN机构孵化网红，通过整合供应链，深入农产品原产地，推动区域农业特色经济发展。社会创业机构是在脱贫攻坚战略下产生的，追求社会价值和经济价值双重价值目标的个人（团队）或组织，如央企开发的扶贫助农新业务，地方政府背书的服务于扶贫的新企业、行业协会、社会公益组织等。渠道中新业态组织利用自身资源优势，除了促进农产品流通外，也推动农业产业链优化发展：引入资金、技术，推进数字农业发展；开展"三品一标"农产品品牌建设；改变产业链合作模式，如打通农业种植养殖农户—农产品加工企业合作链条，使产业链整体受益。

贫困地区农产品品牌、品质和规模难以达到市场要求，农民市场意识淡薄，致使我国贫困地区存在农产品销售难、农民增收难现象。新的营销渠道模式和渠道成员构成，整合低成本、高效的资源，推动产销对接，提高贫困地区农产品市场化水平，为乡村振兴战略服务。

（二）互联网经济下创新水稻电商营销模式

1. 政府网站主导

目前，各级政府包括乡镇政府和农口行业部门都建设了各自的网站，这些门户网站基本以领导动态、政务信息为主，在互联网时代发挥着比较基础的作用，有的门户网站几个月也不更新一次，浪费了大量资源。天津大力发展都市农业相关政策的出台进一步提升了稻米产品销售的可能性，利用好政府官方平台不仅有利于惠农政策的落实，而且通过水稻产品与地方网站的融合，也可以提高水稻产品的知名度，进而起到宣传地域特色农产品的作用。

2. 知名网站助推

知名网站即第三方网络平台，包括淘宝、京东等大型电商平台，在天津，叮咚买菜、美团优选等中小型网络平台盛行，这些第三方平台能够提供品种质量优选、货真价实的农产品。同时，第三方平台由于产品众多，竞争更为激烈，进驻之初，需要投入一定的宣传费用、促销费用等，这对于一般的农产品销售商无法承受，需要水稻合作社、加工企业、龙头企业等有实力的公司去做，通过前期"砸钱"铺垫市场，最终提升水稻产品的吸引力。

3. 热门 App 营销

在互联网和自媒体时代，营销的门槛及方式都变得越来越多样化、便捷化。热门 App 包括微博、微信、小红书等手机 App。这些 App 是随着信息化的发展而发展的，相较于传统营销来说起步晚，但发展态势迅猛。无线、方便、快捷、低成本等诸多优点，使 App 营销成为最具竞争力的营销新模式。但这种模式最重要的就是产品质量，水稻产品作为农产品的一种，依托口感、服务等才能继续营销。手机 App 营销主要是以朋友、亲人、同事等营销者的社交网络为纽带向外扩散，是以群体之间的信任度为前提的。所以，App 营销要保证稻米产品质量，加强供需双方信息沟通，通过优胜劣汰，发展农产品营销新模式。

4. 水稻直销定制

稻米生产不同于其他农产品，是主食类产品，流通半径相较于蔬菜类产品受新鲜度的限制而言更为广阔一些。天津以小站稻为特色产品，且小站稻历史悠久，结合时代发展以及产地探测，可以根据水稻生产的关键时间节点进行录播的实时宣传，进行稻米的销售。直销定制模式的每种稻米产品都有身份信息，属于高端消费。特色的定制方式使得具有一定消费能力的大众更易接受。同时，丰富水稻产品种类，推出重点稻米产品，针对目标人群实施定位生产，如适合老年人、儿童等食用的稻米，通过丰富品类，抢占市场份额。

5. 水稻品牌营销

在产品的销售中，品牌的附加值最大。天津小站稻品牌历史悠久，且水稻产品种类众多，也一直在进行品种升级，截至 2019 年，有 12 个为消费者所认同的大米品牌，结合天津地域性的产品特点，着力打造水稻产品品牌，特别是对一些味道佳、产量好、水稻种类有故事传承、文化深厚的水稻及稻米品种，要加大挖掘力度，通过综合包装，形成水稻产品的品牌和文化。同时，要加大宣传力度，大力开展营销活动，提升广大消费者对天津本地地域性品牌的认同感，提高地域性品牌的知名度和吸引力。

第三篇　天津水稻创新篇

第七章　天津水稻产业合作组织结构治理

一、中国农业合作组织发展历程概述

(一) 改革开放前的农业合作组织模式

从 1949 年到 1978 年，我国社会经济发展，尤其是农业发展处在初级阶段，社会生产力不发达。尤其是新中国成立初期，农村生产力低下，为了解决农业生产问题，将农民自觉组织起来，组成互助组，随后又组建了初级社、高级社等农业合作组织。该种农业组织形式特点是集体劳动、成果集体所有，对当时恢复农业生产，促进经济发展起到一定的作用，是特定时期、特殊环境下，计划经济的产物，不具有现代意义上的农业组织特征，但其实践对我国现代农业合作组织发展起到了启蒙作用。

(二) 改革开放后的农业合作组织模式演变

1. 1978 年至 20 世纪 90 年代初期

我国农业组织实行的是家庭联产承包责任制，以个人家庭经营为主，集体统一经营为辅，鼓励农户精耕细作，农民可以自由分配剩余劳动成果，有效地将激励约束机制引入农业生产，大大提高了农业劳动生产率。随着我国市场经济主体地位的不断确立，家庭经营与农业大市场之间的矛盾不断显现，其制度缺陷也逐渐暴露出来，主要体现在如下三方面：一是农业生产和需求之间的脱节；二是生产规模狭小，不能产生规模经济效益；三是产权关系不能有效理顺，政府管理职能和农户市场化行为之间很难协调，制约了我国农业向高产、优质、高效方向发展，农业产业组织改革成为促进农业生产结构调整，提高生产效率的必由之路。

2. 20 世纪 90 年代初期至 2007 年

我国农业产业组织在探索中不断发展。在这个时期中，伴随着我国经济的快速发展，我国农业产业组织形式层出不穷，主要划分为以下几个阶段：

（1）初始阶段。随着卖粮难、卖菜难的出现，农户逐步认识到农户分散经营面临着市场和自然的双重风险，一部分农户自发组织起来，充当了中间商的职能，主动和市场挂钩，在农村对农户产品进行统一收购、统一销售。这一阶段，农户组织承担了生产和批发的双重身份，产销双方都具有很大的不确定性，但其出现也逐步改变了对于农业组织的认识。

（2）发展阶段。"公司＋农户"模式出现，这是一种较为初级的合作形式，是在农产品供需失衡的情况下，农户和公司通过口头约定和契约的方式，组建的一种松散的联盟，也是我国订单农业发展的雏形。双方就农业生产的价格、质量、数量、交货时间、交货地点等方面事前达成协议，公司通过保证收购的方式，确保双方利益，双方形成利益共享、风险共担的共同体。在一定程度上可以减少搜寻成本，节省交易费用，有利于产销对接，扩大生产规模，有利于先进生产技术推广，但这种交易模式双方关系比较松散，经常会出现违约现象，农户组织性较差，往往容易出现各种纠纷，但这种模式的发展已经使得农户在市场中得到了锻炼，增强了市场经济的意识，为新型农业组织的产生奠定了基础。

（3）成熟阶段。成熟的产业组织是在农业产业化经营中逐步演化出来的，是农户从一家一户单打独斗逐步走向公司化、股份制的过程，是从单纯生产向市场营销和产品研发双向延伸的过程，在这个演化过程中，政府在政策制定和市场与农户之间的桥梁作用不可忽视。首先是通过融资渠道，为合作组织提供发展壮大所需的资金支持；其次是通过对合作组织治理结构的规范和发展，为企业搭建较为合理的股权配置和利润分配体系，在内部完成从松散个体户向现代企业组织的转变；再次就是通过媒体宣传和产业聚集的虹吸效应等方式，为合作组织创造良好的外部市场环境，不断延长农业产业链，降低内部交易费用，推动农业合作组织不断壮大和发展；最后是对合作社和大户的机会主义、投机主义行为进行监督和约束，规范当地市场环境，为有效竞争创造良好的市场环境。

（4）完善阶段。处于统一的农业合作组织阶段，高级合作组织与下一级合作组织取得联系，并且与专业商品市场、龙头企业以及一般的商品市场也有联系。从上级合作组织、初级合作组织再到农户、龙头企业，进而专业商品市场、一般商品市场，是一个更大范围的循环整体。

3. 2007 年至今

之所以将 2007 年作为第三阶段的起点，在于农民合作组织是当今世界各国农业领域不可或缺的产业组织形式与制度，《中华人民共和国农民专业合作社法》于 2006 年颁布，无疑是我国农业产业组织制度变革的重要节点。

以我国农民专业合作社法颁布为界限，农业合作组织如雨后春笋快速发展，中国农业产业组织体系和经营体系都发生了重要变化，农业经营体系从村集体和承包农户双层化的经营体系，进一步演变为农户家庭与农民专业合作社相结合、双层化的新型农业经营体系。近 10 年来，中国农业合作组织在数量规模（表 7-1）、行业分布、类型与功能方面形成了一定特征。这些特征既体现了农民合作组织发展的一般性，又体现了农民合作组织发展的中国制度特征。在数量变化上，从 2007 年到 2017 年 7 月底，农民专业合作社数量从 2.6 万家增加到 193.3 万家（2018 年已超过 200 万家）；单个合作社平均成员数从略大于 13 户增加到近 60 户；超过 1 亿户的农户加入了各类合作社，占全国农户总数的 46.8%。合作社成员数超过 100 户的合作社比例从 2008 年的 1.8% 上升至 2020 年的 3.8%。根据农业农村部会同国家发展改革委、财政部等部门监测数据，2020 年新认定第六批 299 家国家重点龙头企业，平均能够辐射带动农户 2 万户左右，其中 20% 以上的农户来自贫困地区，对我国减贫起到了重要的组织保障作用。全国县级以上龙头企业约 9 万家，其中省级以上龙头企业近 1.8 万家、国家重点龙头企业 1 542 家，初步构建起了国家、省、市、县四级联动的乡村产业崭新发展格局。截至 2021 年底，纳入我国农村农业部门名录管理的家庭农场超过 100 万家，初步形成省、市、县三级示范家庭农场创建体系。纳入我国农村农业部门名录管理的农业合作组织有 222.5 万家，农业产业化在我国广大农村不断成熟发展，农业合作组织成为我国农业产业化发展，发挥辐射带动作用以及为农民增收的重要组织保障。

表 7-1　2007—2017 年我国农民专业合作社发展

年份	合作社总数（万家）	注册资产（100 亿元）	社员规模（万户）	平均社员规模（户）
2007	2.6	30	35	13
2008	11.09	90	142	13
2009	24.64	250	392	16
2010	37.91	450	716	19
2011	52.17	720	1 196	23
2012	68.89	1 100	2 373	34
2013	98.24	1 890	2 951	30
2014	128.88	2 730	9 227	72
2015	153.11	3 230	10 090	66
2016	179.4		10 667	59
2017.7	193.3		11 243	58

二、农业合作组织结构治理

从 2010 年到 2020 年，我国粮食生产实现了连续 10 年增产，增幅达 39.8％，2021 年全国粮食总产量 6 828.5 亿千克，比上年增长 2.0％，全年粮食产量再创新高，连续 7 年保持在 0.65 万亿千克以上。但我国粮食生产面临着耕地逐年减少、自然灾害频发、农业生产环境污染严重、农业生产效益逐年下降的趋势。目前我国农业发展呈现非常明显的"非粮化"发展趋势。随着土地租金、劳动成本、农资价格的不断上涨，农业生产效益 10 年呈现不断下降的趋势，农民种植积极性逐年下降，且农民从事农业收入比重不断下降，工资性收入逐年上升。农民收入增速连续 11 年快于城镇居民，城乡居民收入比由 2019 年 2.64∶1 缩小到 2.56∶1，农民人均收入提前一年实现比 2010 年翻一番的目标。

工资性收入占总收入的比重逐年上升，由 2010 年的 35％上升到 2020 年的 43.5％，非农收入逐渐成为农民家庭增收的主要来源。随着工业化、城镇化进程加快，第一产业产值和劳动力占比逐年下降，农业生产呈现结构分化局面，农民兼业化现象十分突出，另外一部分农民转变为农资供应商、私营企业主、经纪人或农业作业服务者等，因此加快土地流转、建立新型农业产业组织、发展适度规模经营是提高农业效益的重要出路。截至 2019 年 6 月底，全国流转面积达 3.1 亿亩，占家庭承包耕地总面积的 23.9％，土地逐步向生产大户、合作社、农业企业集中，其中流入合作社和农业企业的面积占 30％。农业合作组织在农业生产中起到举足轻重的作用，而作为载体的农业合作组织结构治理则分外重要。

农业合作组织结构治理是将公司制引入农业合作组织中，成立由股东大会、董事会、经理班子及监事会组成的管理组织的结构，逐步建立起农业投资主体多元化、股权多元化、组织运作规范、监督机制健全、职工参与公司治理的公司制企业。农业合作组织结构治理是按照职责明确、协调运转、有效制衡的原则，组建法人治理结构，一般来说，农业合作组织由四个部分组成：

（1）**股东会或者股东大会**。由合作社全体社员组成，对合作社拥有所有权。农业合作组织的股东由农户以土地、大型农机具、技术、劳动、资金入股，按照投入比例进行风险回报，股东大会是合作组织的最高权力机构。

（2）**董事会**。董事会由出资大股东组成，是公司的权力部门，对公司经营决策、人事任免以及利益分配等具有决定权。董事会需经过股东大会选举产生，但在我国实践中，一般由主要出资人担任。

（3）监事会。一般由全体会员选举产生，主要对公司的日常业务活动进行监督和检查，对公司财务、经营活动风险等进行监督，目前监事会在农业合作组织中的作用还没有完全发挥出来。

（4）总经理。在农业合作组织中一般由懂生产、懂市场的人担任，主要负责企业的生产和日常经营，由董事会聘任，是经营者、执行者。其主要职责是不断给投资者带来利润回报。

公司法人治理结构的四个组成部分，都是依法设置的，在实际操作中，尤其在农业合作组织的发展初期，一般由当地新型农民担任，组织随着公司化进行不断完善和发展。新型农业产业组织的结构治理不断完善，有利于具有经营头脑和精准市场意识的农民成为市场的领导者，引导资金投向效益更好的农业生产领域，带动农业科技不断向前发展，促进农业生产不断与市场接轨，同时新型农业组织的结构治理，为政府建立健全农业社会化服务体系提供了改革的动力。

三、中国农业合作组织模式

（一）按功能划分农业合作社

从农业合作组织的功能研究，根据其在农业生产各阶段所体现的功能，将农业合作社的发展模式分为：生产型农业合作社、流通型农业合作社和综合型农业合作社（表7-2）。

表7-2　按功能分类的农业合作经济组织模式比较

模式	功能	交易效率	适用范围
生产型农业合作社	解决产前、产中的问题	效率一般	较小
流通型农业合作社	解决产后的问题	规模大、效率高	较广
综合型农业合作社	解决产前、产中、产后的问题	规模小、效率高	较广

1. 生产型农业合作社

这类合作社主要提供农业生产资料，指导农业生产，负责如种子、化肥、农具等生产资料的供应，通过合作社集中采购，大大降低生产成本，保证生产资料质量，提高生产资料的使用率。

2. 流通型农业合作社

这种类型的合作社出现于产品流通和销售阶段，主要负责开发销售渠道，联结农户和消费市场，节省流通费用，提高产品的顾客吸引力，对合作社的产品资源进行初次加工和深加工，有利于增产增效，也可以节省大量的流通费用，同时提高产品的品牌价值。

3. 综合型农业合作社

这类合作社的主要作用是为农业生产提供全方位的服务，如服务技术型合作社就是对农户在产前、产中及产后各方面的技术进行指导和培训，解决农作物病虫害问题，提高农产品的产量。再如农民资金合作型合作社，其主要为农民提供生产性资金，在农业生产的过程中为农民提供金融支持。

(二) 按组织关系划分农业合作社

农业合作社在发展过程中与政府联系直接体现了农业合作社的性质，根据政府在农业合作组织中所体现的作用，以及农业合作社与政府的关系，将农业合作经济组织划分为以下类型：自上而下型、自下而上型、混合型（表7-3）。

表7-3 从组织关系划分的农业合作经济组织模式比较

模式	与政府关系	运作绩效	农民接受程度	与企业的关系
自上而下型	关系密切，严重依赖政府的政策、财政支持	监管色彩浓厚，发展初期促进作用	执行上级指导，农民积极性不高	企业随着政府的政策转变，与农民的关系不大
自下而上型	得到政府支持较少	运作良好，容易出现独权	比较容易接受	农民和企业自发联合
混合型	得到一些政策、财政的支持	政府、农民、企业紧密合作，运作比较成功	容易接受	在政府的关注下农民和企业联合组建农业合作经济组织

1. 自上而下型农业合作社

这类农业合作社是在政策的支持下成立起来的。通过政府在资金、政策、合作社制度建立等方面的支持，合作社在政府的倡议下建立，就有了为政府服务的性质，带有官方的色彩，因此合作社的发展就随着政策的变化而变化，自身缺乏行动的主动性。

2. 自下而上型农业合作社

社员为了提高生产力，完善产品品牌，获得更多的便利和更加优惠的信息、技术等方面的服务，带头组织农业合作社。通常这类合作社的社员不是为了获取利润或其他权力而加入合作社，只是为了独立获取更多的资源和进行资源交换。这类合作社的自主性较强，能根据自身的条件进行农业生产全过程随机调整，由于没有统一的制度约束，一般情况下生存的概率不会太高。

3. 混合型农业合作社

其是在政府政策引导和农民自由参与下形成的合作社，是在统一制度约束下形成的，参与社员有自己的独立性，还有制度的约束，能够在固定的权限内更多地发挥自己的主动性，提高合作社的效率以及农民加入农业合作社的积极性。

（三）按参与主体划分农业合作社

依据合作社参与主体类别的不同，合作社依附关系的不一致，将其模式划分为："农户＋公司"型合作社、"农户＋协会"型合作社、"农户＋合作社"型合作社、"农户＋合作组织＋公司"型合作社以及"农户＋股份合作组织"型合作社（表7-4）。

表7-4　从参与主体划分的农业合作经济组织模式比较

模式	合作方式	运作绩效	农民接受程度
"农户＋公司"	契约方式合作，组织比较松散	初期运作良好，信用机制不完善致履约率较低，合作逐渐出现问题	更多的农民开始持怀疑态度
"农户＋协会"	政府组织协会牵头，农民自愿参加	初期有良好的技术支持，后期可能出现集权	初期参与度高，后期热情下降
"农户＋合作社"	农民自愿联合，自发形成合作组织	运作良好，资金、人才缺乏，发展受市场影响大	比较容易接受
"农户＋合作组织＋公司"	农民通过合作社与公司签订协议	克服了信用机制不完善，运作比较成功	容易接受
"农户＋股份合作组织"	技术、资金等入股，有带头作用	榜样作用影响，运作良好	容易接受

1. "农户＋公司"型合作社

这类合作社的形成主要有两种形式：一种是农户寻求与企业的合作，这种形式的合作主要是由于农户在生产时出现了技术、资源配套等问题，或者是在产品流通中产品的储运、销售等环节产生问题，这种情况下农户一般会与专业的企业进行协商合作；另一种形式是公司寻求与农户的合作，在这种条件下，农户拥有自主权，能够按照自己的意愿与公司进行协商合作，达成协议，最终促进农业合作社的成立。

2. "农户＋协会"型合作社

这类合作社是基于某种需要而产生的，根据不同的农户生产和流通的需求就产生了形式各异的合作社。村委会等组织为了整合本村的土地资源，优化农村劳动力的配置，由他们牵头创建了协会组织性质的农业合作社，他们的目标是通过整合农村零散资源，促进农村经济的发展。但是村委会负责全面的合作社工作，就可能产生合作社运作权力过于集中的风险。

农户在技术、农机服务等方面的需求需要政府部门的解决，就产生了由政府部门牵头的农民专业合作社，这类合作社在政府技术指导、农机服务等部门组成的农业指导协会的支持下能够迅速组建，同时利用政府资源开展相关的农业工作，但是在政府部门组成的农业指导协会牵头成立的合作社，容易产生合作社生产权不明确的问题，合作社有可能出现管理分歧。

天津市静海区的农业合作社主要是通过政府部门在技术、政策、资金等方面的支持下建立起来的，通过政府对合作社的帮扶，规范合同制，将盲目的生产变成按照合同标的按需投入，合同保证了生产资料的集中定向采购和统一提供，降低了生产费用和生产成本，使产品价格得到保障，防范了市场风险，给合作社成员带来直接经济收益。通过注册商标增加农民收入，推动农业产业化经营，品牌效应极大地提升了农产品的市场影响力。

3. "农户＋合作社"型合作社

自由生产和销售对农民来说有很大的自主性，但对于农民获取自身经济利益和村委会权益产生了很大的阻碍，于是农民自发组织成立了各种类型的农业合作社，农户自愿联合进行农业生产和产品流通。

天津的小站稻是远近闻名的农产品品牌，合作社是农民自发组建的为生产和销售服务的农业合作经济组织。合作社的主要工作是：组织农业生产资料的采购，以降低生产成本；统一收购小站稻进行统一加工和包装，提高小站稻的产品价值和品牌形象；引进新品种和新技术，积极开展与农业生产经营有关的技术交流、技术培训和农业信息咨询服务。通过建立完善制度体系和服务体系，实现了对小站稻的农业投入的统一采购和统一供应，统一农户培训标准和生产质量安全标准，统一包装和销售，建立统一的品牌形象。设计小站稻专属的包装箱、专用的封箱胶带和专用的防伪标签，使小站稻与其他品牌有明显区分，建立其独特的小站稻品牌。

这种根据农户自身需要而组织的农业合作社更加有激情和活力，农户从自身利益出发也会积极参与农业合作社的建设，运作比较符合因地制宜的原则，在目前农业合作社中占较大的比重。

4. "农户＋合作组织＋公司"型合作社

农业合作社订单式运作的主要原理是以农业订单的形式进行合作，公司与农户签订农产品交易合同并提出自己的产品需求，然后通过农业合作社向农户提供生产技术支持，按照之前的协议价进行农产品收购，农户提供生产资料、劳动力、土地等资源，合作社在农户和公司之间起链接纽带的作用，主要负责传递信息和组织工作。这种生产运作模式的合作社也称为龙头企业带动型合作社。

龙头企业带动型合作社基本上是从企业需求出发，按照企业的经营发展需要，由龙头企业作为发起人，组织农民成立农业合作社。这类合作社的发展是以经济利益的发展为导向的，农民虽然是合作社的主体，但是企业大部分是以股份制形式加入合作社，以利益为追求目标，合作社的发展目标为追逐最佳利益，会引导合作社向着公司的管理方向进行。这种发展模式是通过借鉴企业的管理经验，完善合作社的管理体制，通过逐渐改革把合作社的管理权和产权转让给农民，使合作社成为社员进行民主管理的合作经济组织。

天津东丽区农业合作社是在东丽区农业经济委员会建设现代都市农业的背景下进行创建的，主要是龙头企业带动农业合作社的发展，从初级农产品的生产和加工到农产品深加工和服务，都有农业企业的参与，企业全面参与农业合作社的建设。龙头企业投资了农民专业合作社，围绕农业特色产业组织建立各类专业合作社，形成了有地域特色的农业产业链，提高了农民的市场地位，促进了农业产业化经营，成为农民增收和发展农业经济的重要载体。

目前"农户＋合作社＋公司"是天津市农业合作社基本的合作社运行模式，这种合作社属于订单式农业发展模式，公司与合作社之间没有密切的经济联系，龙头企业的合作意向是根据市场情况的变化而进行的，龙头企业给农户的返利少，企业与合作社之间没有利益共同体，当市场情况发生变化时，双方之间容易发生违约行为，给农户生产带来损失，这是在三方合作中急需解决的问题。

5. "农户＋股份合作组织"型合作社

由于单个农户的发展具有局限性，农户的自有资源不一致，导致农村出现了许多种植大户、技术能人、销售能人等不同的农业专业大户，他们通过以自己的自有资源为资本联合农民组建合作社，整合农业资源，使农业生产效率达到最优状态，由于他们是专业大户，在农村一般声望和地位比较高，由他们牵头的农业合作社更容易得到农民的信任和支持，同时还有带头作用。这种合作社模式比较符合当前的农村特点，对农业的发展有明显的带动作用。

天津市宝坻区农业合作社主要是技术能手和农机大户等发起成立的农业合作社，他们根据自己的资源发起农业合作社，在合作社中比较有话语权，合作社的发展也是根据这些带头人的发展目标进行的，在合作社发展中容易出现独权问题，削减农民的生产积极性，也有可能导致合作社因为带头人错误的预期而出现损失。

四、天津农业合作组织发展现状及内部治理情况分析

（一）天津农业合作组织发展现状

本研究所讲的农业合作组织是指改革开放以来，农民自身和社会各方自发建立的组织。参与者投入资金、技术或者劳动力等，主要从事经营或服务，这种农业合作组织与20世纪50年代、60年代的农业合作社和人民公社无论是制度的建立，操作模式的选择，还是利益机制的制定都有本质差别。它是继农村实行家庭承包责任制之后的又一次机制创新，合作组织通过各方联合打破了原有的行政区域的限制，村落之间、城镇之间、不同的县市，甚至省级行政区域之间都可以进行合作组织的建立。生产规模的扩大、专业化水平的提高，有利于加快完成传统农业向现代农业的转变。针对天津农业合作组织的发展现状总结得出以下几个特点：

1. 合作层次越来越高

天津市农民合作组织正从单一领域，逐渐向流通、品牌经营等领域拓展，有些合作组织基本上实现了农资供应、生产技术、质量标准、品牌包装等服务。合作组织，特别是联合社，其经营涉及的范围也从传统的以种植养殖业为主逐步趋于多元化。

2. 区域分布经营特色鲜明

多数乡镇因地制宜，合理利用本地区的产品优势组建合作组织，形成了很多特色鲜明、专业化程度较高的"特色之乡"。如武清区大黄堡、上马台以水产养殖为主，静海区西翟庄的枣树种植、团泊的水产养殖等都有区域产业化分布的趋势。这种区域产业化十分有利于农业区域布局优化调整和促进"一村一品""一乡一业"特色优势产业的发展。

3. 产业化水平不断提高

天津农业合作组织产业化水平提升主要体现在生产规模不断扩大，土地流转和农户分化在天津农村基本完成，土地主要集中在新型农业组织手中，通过集约化经营和市场化发展，大大降低了土地所有者的市场风险和生产成本，使得农业生产效率大大提升，增加了全体农民收入；此外，产业化发展实现了土地、资金、人员和设备的优化组合，在合作社之间形成了合理的分工协作，提升了区域农业资源搭配和农业设施标准化建设，为新品种、新技术引进提供了良好的物质保障和组织保障。

（二）天津农业合作组织内部治理情况分析

1. 合作组织发展存在的问题

近年来，在政府的倡导下农民合作组织的注册数量不断增加，但是合作组

织成立之后经营不下去的、形同虚设的，甚至解散的也不在少数，通过大量案例的整理，总结出以天津水稻合作组织为代表的大多数合作组织存在的共性问题：

首先，小生产与大市场之间的矛盾十分突出，实现农民增收困难重重。这种矛盾通常表现为合作组织规模较小、单个组织实力差、农户抵御风险能力弱、市场信息搜索难度大以及所获信息分析理解程度低、决策困难等现象。尤其是耕种环节无法提前预估市场的需求趋势，因为盲从而耕种的农产品，其品种和品质并不符合市场的未来需求。加上在我国农村地区很少有发达的交通设施，有的农产品即使市场空间大，但是因为农村落后的交通运输条件，农产品无法及时到达市场，这都难免造成农产品的积压，进而产生"卖难"的困境。受通信网络覆盖面小影响，农民对信息技术的掌握水平低，采集信息的来源受到限制，途径少、来源少。在市场秩序差的情况下虚假信息泛滥，商品性生产无法配合市场要求的变化。而农户在信息分享的同时，又因其趋利性和文化水平的限制使盲从现象频出，造成生产产品的同质性。

其次，农产品买卖困难。小农户们大多关注农产品生产，很少直接接触供销环节，在产品供不应求时转化为卖方市场，各种竞争激化，垄断市场行为的出现，使得商品价格一涨再涨，但因为农户们不直接参与供销环节，价格上涨产生的高收益被中间环节赚取，农户们的收益少之又少。而当供过于求的时候转化为买方市场，农产品的销售利润大大减少，中间商未保存自身利益，要么选择压低收购价格降低成本，要么干脆将资金撤出农产品市场，停止收购，农户们的农产品高产却无法出售，很多优质农产品被迫烂在田间地头，造成农业丰产不丰收的现象。

再次，管理制度和组织体系不规范。据资料分析可知，我国农村人口受教育程度低，加上农村人才外流，导致农业生产人才匮乏。合作组织虽然整体形势价位类似于现代企业，但是在管理制度和组织体系方面，合作组织都无法与企业相比，合作组织无法满足管理中对管理、财务、技术等方面人才的需求。这也使得组织内部管理不规范，生产技术跟不上市场发展要求，权责不明，分配不公，使得社员参与组织生产的积极性不高，组织生产效率低下。

最后，组织目标不明确，没有明确的发展规划。为了提倡合作组织的成立和发展，鼓励农民参与合作组织，政府出台很多优惠政策，合作组织的申报建立政策较为宽松。资金补助等对农民的吸引力较大，但是也不乏一些投机者为了领取补助金而虚设合作组织。没有完整明确的运营计划而随便设立合作组织，这不仅没有办法使组织健康发展，反而给农民合作组织发展工作增加了更多的困难。

2. 合作组织发展中存在的个性问题

天津市稻香水稻种植专业合作社成立于 2013 年 4 月，发起人是王桂忠、郑述刚和郑述强等 3 位农民（图 7-1）。目前，合作组织主要从事水稻种植、销售以及普通货运等工作。合作组织成立以来，在各级指导和帮助下，严格按照《中华人民共和国农民专业合作社法》和《天津市市级示范合作组织标准》要求，建立组织机构、监督机构、服务机构，健全章程、制度，以"创品牌、拓市场、促增收"为目标，紧紧围绕"小站稻"品牌这个主题，带领广大社员开展标准化生产，组织技术培训与交流，进行产品认证，完善服务和生产设施建设，加大品牌宣传和市场开拓力度。然而，品牌效益的诱惑引来了许多投机者，很多商贩违法假冒小站稻品牌，以劣质的水稻代替津南小站稻，使得消费者受到蒙骗，同时也损害了小站稻的品牌形象。随着种植面积的扩大，稻米产量也在增加，销售问题不得不由中间商来负责，这也就给中间商创造了机会，使农户的利益压缩，这严重影响了农户的生产积极性。

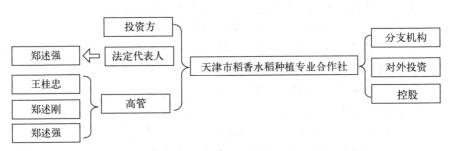

图 7-1 天津市稻香水稻种植专业合作社

五、优化结构治理，构建双向共赢的增收机制

（一）完善组织内部结构治理

完善新型农业组织治理结构，创建市场化的运作模式，是新型农业组织健康发展的重要组织保障和制度保障。如图 7-2 所示，农业合作社运作的核心动力是治理机制，按照现代企业制度的组建模式，新型农业组织按照三权分立的原则组建公司管理层，即决策权、经营管理权、监督权分别由董事会、职业经理、监事会负责，相互监督，各司其职。完善的治理机制是合作社成功的关键，而建立基于产权—利益的激励约束机制，是新型农业组织成功发展的关键。其目的在于对代理人进行激励，最大限度地增加委托人的效益。由于目前合作社的管理人员多数由龙头企业或者农技部门的领导兼任或者是种植能手担当，所以激励方式主要是精神激励较多，还要考虑建立人才贡献、绩效挂钩的

分配制度，鼓励科技、信息、管理经验等生产要素参与收益分配。

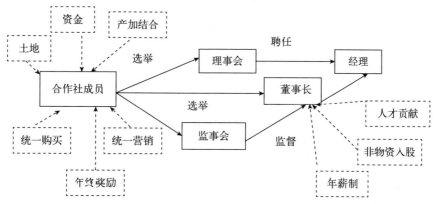

图 7-2　新型农业组织结构治理

针对合作社内部社员来说，传统的激励方式主要是按照社员与合作社的交易额的比例进行返利或者按照社员出资入股金额进行分配利润。但是由于分红利润低，激励效果不大，因此需要合理确定股金分红比例，如美国北达科他州就规定"新一代合作社"优先股的利息为 8%。在合作社成员分配方式上可以考虑以产权为基础，采取按交易额返利和按股权分红相结合的办法，对利益分配机制进行创新（表 7-5）。

表 7-5　农户激励—约束结构

入股方式	分配方式
土地入股	社员以土地折价入股，农业合作社按照股份根据组织盈利情况给会员分红
资金入股	社员可凭股金取得分红，同时还可获得由合作组织按照惠顾额进行的利润返还
统一购买	农业合作社统一为会员采购种子、农药、化肥等生产资料，以低于市场价提供给会员，降低会员生产成本
统一营销	统一收购，运销社员农产品，将增殖部分扣除销售费用和公积金后按照收购量对会员结算返利
产加结合，二次返利	以龙头企业为主体的合作组织，在收购会员农产品后，可按照盈利情况向会员让渡部分在销售领域产生的利润
年终奖励	对于惠顾比较多的社员，除了按惠顾额返还盈余外，还在年终进行额外奖励

（二）健全组织外部结构治理

外部组织结构创新的目标在于构建农产品流通合作组织、产销一体化组织、调控型国有商业组织等多种组织形态平等竞争、合理分工协作的市场格局；并非所有农产品都适应于逆向营销渠道，由于农产品的性质特点各不相同，可以根据不同产品、不同地区，合理选择营销渠道类型。以绿色农产品为例，新型农业产业组织通过产业链的双向延伸，将生产端和消费端有机结合到一起，通过产业联盟的搭建，利用当前互联网平台的作用，在农资信息、农技信息、农机服务、订单农业等方面进行平台化信息链接与交流，提升信息交换效率，减少中间环节，使农民借助政府提供的信息平台，降低成本，拓宽销售渠道，也能够按照消费者需求，真正提供绿色、环保、无公害农产品。

1. 农产品流通主体横向合作化

由于农业经营主体主要以分散经营、家庭作业为主，同时大部分农产品还需要深加工才能流入千万消费者手中，因此传统的 C to C 模式在农产品逆向营销中并不适用，需要对农产品的经营主体规模和形态进行创新与改进，以寻找适合农产品流转的方式。如图 7－3 所示，从新农业发展的趋势来看，农产品流通主体可以选择 P to C to B 模式，其中 P 为单个农户，C 可以是农业协会、合作社，B 为农产品销售、加工企业或者农产品中介机构，B 可以是农产品批发零售企业，如沃尔玛、家乐福等大型企业。分散的单个农户形成一个整体，有组织、有谋略，农业合作社和农业协会或者中介机构能够有效地解决这些问题。在产品环节，合作社根据市场需求组织农户统一生产或者根据所接受的订单组织生产，同时提供技术支持，专注于品质和效率。这种模式下地方政府结合农户需求，建立产品销售供需中介平台，提供人才培训和外出务工机会，协助买卖双方合同签订，提供物流供应商等。

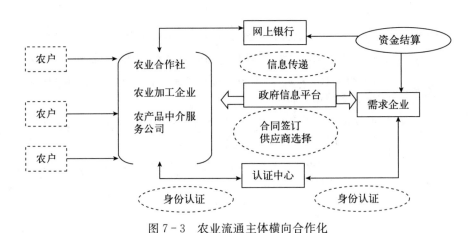

图 7－3 农业流通主体横向合作化

2. 农产品流通主体纵向合作化

一些大型农产品供应商、批发商和加工企业及物流服务企业，通过组建纵向一体化组织，实现物流信息流的双向流通。纵向一体化制可以由头部企业牵头，通过管理方式实现联合，可以以契约和股权方式进行联合，通过组织内部整合，构建以信息平台为中心，农业合作组织、农产品加工中心、农产品销售中介加入的纵向一体化体系，打通生产、加工和销售的壁垒，实现农产品上中下游市场的有效链接。农产品流通企业之间通过合资、股权投资形成股权式联盟，也可通过合同形成契约式联盟，通过联合与合作提高农产品流通组织化程度。

（三）以利益为纽带构建双向共赢的农户增收机制

1. 构建农业合作社利益联结机制

利益结构的设计是农业合作组织稳定发展的重要制度保障，搭建利益主体合理的利润分配方式，利益主体共同理想目标的激励，对农业合作组织内部与外部利益的协调，短期利益与长期利益的一致起到关键性作用。利益机制是合作社成员达成合作协议的纽带，建立科学、完善的利益机制，是合作社生存和发展重要的一部分，是推动农业产业化经营的核心内容。

农业合作社的利益机制主要包括两个方面：利益创造和利益分配（图7-4）。利益创造是在农业合作社产品形成初期，农民进行产品生产和产品流通的过程，利益分配贯穿整个合作社产品形成过程，包括前期的原始资金筹集、后期的利益分配。利益创造是利益分配的基础，利益分配又影响利益创造，是利益机制的关键。

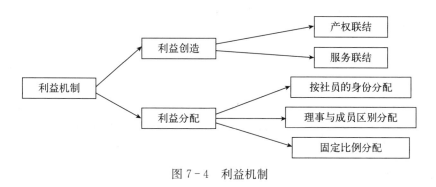

图7-4　利益机制

（1）利益创造。 农业合作组织一般存在于生产领域，部分组织延伸到流通领域，这两个领域都可以为农业合作组织创造利益。通常生产领域利益通过生产规模的扩大、专业化水平的提高、科技含量的增加来进行利益创造。流通领域的利益创造是通过降低农产品流通过程中信息成本、交易成本、履约成本等交易成本来实现的。农业合作社的建立使农户的个人行为转变成组织的统一行为，使综合成本降低，创造更多的经济效益。合作社还可以通过产权联结、服务联结来创造合作社成员的共同利益。

产权联结。产权联结是合作社成员加入合作社并享受合作社各项服务的必要条件，合作社成员以自有资金、土地、劳动力等资源自愿加入合作组织，按照其在合作组织中所作出的贡献获得合作社各种优惠的服务。

服务联结。合作社成立的目的就是为其成员提供生产资料、市场信息等服务，这些服务基本上是免费或低于市场价格的，而且是在产品生产、流通、销售、售后服务等各个环节体现的。农民专业合作社就是一种社员进行自我服务的经济组织，为社员提供低于市场价格或者市场上没有的信息和服务，给农民的增收增加了又一份保证。

（2）利益分配。 确立农业合作经济组织合理的利益分配方式，是保证合作社正常运作的必要条件。根据合作社成员的不同资本积累进行股金分配，按照成员达成交易额或者交易量返还多余利润，也可以根据股金分配和交易量综合比较进行利益分配。利益分配比例是根据农户在产品交易所达到的交易额或交易量占总交易的比例返还利润，还有一部分是按照初始股金得到的分红。农业合作社本身的利益留成，通过农业合作社在供产销一体化经营过程中创造的增值利润根据合作社的收益分配机制返还给合作社成员。作为公共积累的利润，其受益者还是合作社成员。利益分配机制是指不同利益主体在合作社获得一定利润之后，为兼顾公平，维护合作社成员的利益，在组织内部进行的分配。农民专业合作社的利益分配根据其合作社的发展程度进行，主要有：按社员的身份分配、理事与社员区别分配、固定比例分配。

按社员的身份分配。按照合作社成员参与合作社活动的积极性，对合作社成员进行等级划分，对这些成员的利润分配也进行等级分配。这种利益分配方式主要适用于农业经济发展状况较好的合作社，有一部分社员在农业生产开始之前按本年度预计增加纯收入的30％预交抵股金，称为核心会员，他们享受股息和分红的权利。其他社员称为非核心成员，他们不享受相应的权利，只能享受合作社提供的某些服务。这种合作社利益机制是由发起人承担合作社的运行成本和风险，社员不承担，这种做法有可能因为太过于注重保护核心成员的利益而忽视非核心成员，容易引发合作社成员内部之间的矛盾。

理事会成员与社员区别分配。这种利益分配方式主要适用于合伙型农业合作社，合作社的运行资金来自发起人的投资和社员定期缴纳的会费。合作社利益的分配首先是扣除当年成本，其次提取合作社的公积金和公益金，股金红利按税后利润的一定比例分配，社员的返利是按照产品成交额进行返还。这类合作社理事会成员之间是合伙关系，社员之间是合作社成员关系，合作社相当于股份合作制公司，合作社的大部分初期资金是由理事会成员组织筹集的，导致合作社发起人和社员之间的地位和分配方式有差异，合作社的大部分利润有可能被理事会成员分配，容易产生利益分配不公平问题，可能会引起社员的不满，影响合作社的健康发展。

固定比例分配。在农业生产开始之前根据预期利润及社员的投资额确定合作社成员之间的利益分配比例，同时确定返还给农民的利润和鼓励分红。在利益分配方面，各个项目的分配比例是固定的，按照保护价收购社员的农产品，将加工、流通环节利润的一部分按交易额返还给农民，社员不仅得到了初级产品的利润，还得到了增值利润的一部分。这种利益分配机制在合作社的发展过程中有利于激发农民的生产积极性，调动农民的生产热情，同时解决农户与合作社利益分配的矛盾。按照农户的个人付出不同得到相应的报酬，符合按交易额返还的原则，但是分配比例固定原则有可能削减农民的生产积极性。

2. 合作社产权—利益分配分析

天津合作社收入来自流通领域和生产领域，生产领域收入主要来自规模化经营和品牌化营销所带来的附加值，流通领域的收入主要来自集中采购所节约的交易成本和物流成本。合作社一般将收入分为积累资金、发展资金和福利资金，积累资金主要用于企业未来建设和发展，发展资金主要应对企业亏损、研发和设备采购，福利资金主要用于会员的红利发放。合作社红利分配方式主要有按股分红，部分流通性质合作社按交易量分红和混合分红，部分合作社还有二次分红。如表7-6所示，调研54家合作社，31%以交易返利为主，46%合作社以股权分红为主，二次分红的仅占6%。目前天津合作社处于成熟发展阶段，其剩余分配制度仍然以按交易量返还为主，合作社更注重自身目前的生存和发展。随着股权制度日益完善，按股分红、按技术投入分红、二次分红等新的利益分配方式会不断涌现，产权结构也会更加多样化。

表7-6　农户盈余分配方式及其比例

数量或比例	按股分红	按交易量返还	按股分红和 按交易量返还	有二次分红	无分配
合作社数量（家）	25	17	6	3	22
所占比例（%）	46	31	11	6	41

六、天津农业合作社发展建议

农业合作经济组织的发展，加快了农业产业化经营的步伐，促进了农业经济局域化特色的形成。在未来农业合作社的发展中，更需要从合作社组织建设和利益机制方面进行改进，加强对农业合作经济组织的组织模式进行改造和完善，通过合理的利益机制激励农民积极参与合作社建设。

（一）以农业合作社为依托，建立农民增收机制

1. 依托产业组织，可以节本增效调整生产结构

当前农产品市场受农资价格、劳动力价格大幅上涨等相关因素影响，农业生产成本被动增加，在收入不变的前提下农户的利润减少。所以在农产品生产过程中依托合作组织，降低生产成本的投入，对于农户利润的增加有着重要的现实意义（图7-5、图7-6）。

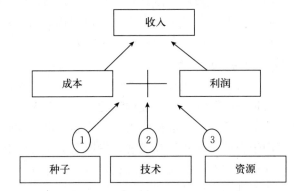

图7-5　收入、成本、利润关系

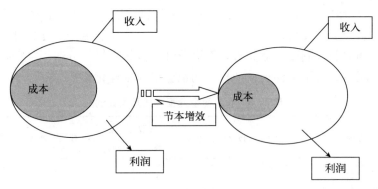

图7-6　节本增效示意

第一，改善种植品种，培育抗病毒、抗虫害的优良品种，提高单位面积生产率。

第二，联合统一生产，在确定种植标准的前提下实行机械化耕种，提高单位时间的生产效率，同时减小人力资源投入规模，减小劳动力价格对农民增收的影响。

第三，节约型农业技术重点在节水、节地、节肥、节能等，投入的合理减少可以不断提高资源利用效率，促进农业可持续发展和保障农民增收。

如图 7-5 所示，假设农民收入总数不变，成本和利润之间存在着此消彼长的关系。通过减少技术成本、农资成本等，农民生产成本减少。如图 7-6 所示，在收入总额不变的前提下成本减少，利润增加，也就达到了促进农民增收的目的。

2. 依托产业组织，因地制宜优化区域布局

农户各自经营，跟随市场变化调整种植，管理分散，难度系数大，耕种品种和农作物种类混乱，无法体现区域特色，必然影响农民增收。因此，要想更好地实现农民增收，必须依托农业产业组织，根据各地区种植优势，合理规划产品布局结构，突出地区特色，进而形成规模效应。

（二）优化农业产业化经营机制

1. 提高农民组织化程度

随着《中华人民共和国农民专业合作社法》正式实施，合作组织的法人地位得到了法律的保护，组织运营的安全性等也更有保障。由农业部统计数据整理计算得出，截至 2012 年 10 月底，天津市已经申请建立的合作组织总数达到了 2 949 户，组织内投资总额约为 86.7 亿元（表 7-7），合作组织内成员总数高达 9 万余人。截至 2017 年上半年，全市工商登记注册农民合作社总数突破12 000 家，服务带动约 50 万户开展合作经营，约占全市从事农业生产农户总数的 57.7%。合作组织的大部分户数实现了规模化、标准化、统一化、规范化和装备现代化的"一社促五化"目标，充分发挥桥梁、纽带和组织载体功能，较好地提升了农业生产经营的组织化、专业化、集约化、社会化水平，有力促进了天津市现代都市型农业的健康发展。

表 7-7　天津合作组织入社户数和出资情况统计

出资额（元）	户数（户）	户数比例（%）	出资比例（%）
超 1 亿	8	0.27	17.82
5 000 万~1 亿	10	0.34	7.04
1 000 万~5 000 万	137	4.65	24.60
500 万~1 000 万	275	9.33	18.65
100 万~500 万	1 184	40.15	26.49
100 万以下	1 335	45.27	5.38
入社总户数	2 949		
出资总额	86.7 亿元		

2. 培育壮大农业龙头企业

天津水稻合作组织是由农民自发联合组建，无论在资金、管理还是市场风险方面，都存在很大缺陷，这就需要农业龙头企业推进农业规模化生产经营。龙头企业连接市场和合作组织，在市场和合作组织之间搭建起一座桥梁，肩负着开拓市场、科技创新和促进区域经济发展的多重任务。

如图7-7所示，龙头企业带动机制是龙头企业在合作组织和市场之间搭建接触桥梁，起到纽带作用。龙头企业一方面收集各类市场信息提供给合作组织，另一方面向合作组织提供订单，将农产品投入市场，解决了合作组织在运作中面临的市场狭小、市场信息不对称、生产技术跟不上市场发展节奏等问题，为农民增收提供了有利条件。如北京成立的第一家上市的农业类公司——顺鑫农业创新食品分公司，该公司在区委区政府的大力扶持之下，健康发展，已发展为全国农产品精细加工以及物流配送领域内的龙头企业。通过顺鑫的带动，2011年顺义区聚集农产品加工企业96家，年产值高达130亿元，包括国家级龙头企业6家、北京市龙头企业11家，拥有中国驰名商标5件、中国名牌商标3件，为顺义区农民增收作出了巨大贡献。

图7-7　龙头企业带动机制示意

（三）加强内部制度建设，完善内部治理

健全合作社的财务管理制度，确定合作社成员利益分配机制，权衡合作社成员之间的权责问题，使合作社成员有主人翁意识，积极加入合作社建设。处理好社员大会、理事会、监事会之间的关系，各个岗位部门明确岗位职责，在合作社发展中形成相互合作关系，共同促进合作社的发展。

1. 完善"农户＋合作社＋公司"型模式

改变企业资金入股后看结果的格局，对龙头企业的加入，应该以入股股金的形式进行，让企业加入农业合作社的建设，共同承担合作社的经营风险，这种利益联结形式的合作，减少了双方的博弈行为，让公司也以主人的身份加入合作社的建设，有利于合作双方长期稳定的发展。

2. 改进"农户＋股份合作组织"型合作社

鼓励技术、资金、土地等资源作为股份加入合作社，这种带头作用的发展有助于合作社进一步发展，同时建立健全合作社管理机制。社员大会为合作社的发展提供方向和目标，理事会协调合作社日常工作，联结社员与合作社，联结合作社与外部，监事会对合作社的发展及财务状况有权提出异议，并要求合作社成员给出改正办法。合作社管理体制的全面建设有助于推动合作社进一步发展。

3. 建立多元化投资机制

政府部门加强对合作社的投资管理，以政府投资引导农民投资，社会投资为辅助投资。政府部门支持和引导技术带头人、种植大户、农机大户、村集体、企业的投资和建设，财政部门加大对农机购置的基础设施建设的补贴力度，鼓励农业合作社的基础设施建设，协调合作社与农村金融机构的关系，为农业合作社提供低息贷款，扶持农业合作社的建设和发展。

（四）加大政府扶持力度，完善监督机制

1. 政府加大对合作社的支持力度

政府在合作社建设中，应帮助合作社建设完善的信息服务平台，建立完善的流通和销售体制，帮助合作社解决市场信息不对称的问题。推广农业保险政策，普及农产品生产险和流通险，降低合作社和农户的经营风险。同时加大对合作社基础设施建设的支持力度，创造配套的农业投资环境，帮助农业合作社吸引外部投资。

2. 统一合作社利益分配机制

不同类型的农业合作经济组织在发展过程中，应该根据合作社本身的性质建立统一的利益分配机制，规范合作社利益分配行为。合作社应该根据自己的发展需要，提前建立本合作社的利益分配机制，同时建立相应的激励机制，按照社员对合作社建设贡献力量的不同给予不同层次的奖励，鼓励社员积极参与合作社的建设，促进合作社的全面发展。

3. 完善会计监督体制

对于合作社发展的监督，从内部财务状况的审查和外部社会监督两方面进行。内部监督采取社务公开和财务公开等方式，明确监事会监督管理方法，对合作社财务进行定期和不定期检查，审查财务支出是否符合合作社规定等。外部监督从上级监督与社会监督两方面实施，上级监督机构对合作社的经营管理状况进行监督和检查，社会监督由会计师事务所或审计所对合作社的账目、经营状况、章程执行情况等项目及时审查，形成详细的总结报告，督促合作社对出现的问题进行解决，社员有权了解合作社的发展状况，对监督审计结果应该公布。

七、本章小结

本部分主要围绕农业合作组织逐步展开，首先，通过对农业合作组织发展历程进行总结，使读者更加了解农业经济组织模式的变化以及发展。其次，对农业合作组织结构治理、国内外农民专业合作组织发展模式、我国农业合作经济组织模式以及天津农业合作组织模式、现状问题及对策进行阐述，为天津水稻产业合作组织的发展提供对策建议，也为下一步天津水稻产业合作组织结构治理提供借鉴思路。依据目前发展状况来看，成立专门的水稻产业合作组织结构将成为未来水稻产业发展的一个方向，天津市应顺应这一趋势，加快投入合作组织的建设运营，适应现代化建设的需要。

第八章 天津水稻产业知识源头协同创新

一、农业知识源头协同创新相关理论

（一）农业知识源头协同创新的内涵

伴随着我国经济的不断发展，农业生产资源面临严重的挑战，水体、土壤污染日益严重，农业人口老龄化，农村空心化困扰着农业现代化发展的步伐，发展农业科技，发挥农业知识创新的力量是突破农业发展瓶颈的重要出路。农业知识创新源头在高等学府、农业科研院所，其实施的主战场在农户、农村基层组织和农业企业，如何构建知识创新源头与实践基地的知识联盟，实现资源、技术的互补，提高农业源头知识的成果转化率，是促进天津都市农业以调结构、增品质、提效益为目标的供给侧结构性改革的重要出路。

最早研究农业知识源头协同创新的是 Peper Gloor（美国麻省理工学院研究员），他认为在共同愿景的指引下，通过信息网络所形成的一系列组织所构成的知识传播渠道，一般由四个部分组成：由农业科研院所组成的知识创新系统、由农业企业组成的技术创新系统、由农业科技推广体系构成的知识传播系统，以及由农村、农户、农业组织构成的知识应用系统。农业院校作为农业知识源头创新的发起者和核心主体必须主动加强与其他组织体系的联系和协作，发挥协同创新的作用。因此农业知识源头创新主要是农业知识主体以农业原始性创新为起点，综合政府、农业科研院所、农业产业组织以及农户等各类农业主体，通过农业产业链和农业科技链的有效融合，充分发挥知识、资本、人才、信息等创新性要素的共享机制和市场扩散机制作用，提升农业科技内涵，提高农民科技水平，提升农业科技创新能力的协同体系与机制。

（二）天津水稻知识源头协同创新的特点

水稻知识源头协同创新重点在于"源头"与"协同"，通过水稻种植及品种栽培相关农业知识的协同来提高水稻的生产效率和效益，因此同农业知识协同创新一样，水稻知识源头协同创新具有以下两个特点：一是具有整体性，以水稻产业链上配套知识的创新组织为起点，充分结合创新资源和要素，突破各链条上创新主体之间的壁垒，促进人才、技术、信息和资本等农业创新型要素的充分流动，通过知识创新主体和水稻产业主体的深度合作与资源整合实现共同的愿景；二是具有动态性，协同创新处于不断变动之中，与外部经济发展环境、水稻主体的结构治理、国家方针政策、当地的惠农条件等息息相关。协同创新是一种跨组织的以科技原始创新与推广为目的的大跨度整合，通过政府意志的引导和机制安排促进农业科研院所发挥科技创新优势，实现优势互补，加快农业科技成果的推广和转化速度，是一项长期任务，处于不断更新和发展之中。天津水稻知识源头协同创新还要面临都市农业以及农业现代化发展不平衡的双重挑战，种植户的知识水平良莠不齐，水稻规模化、机械化水平不等，面对分散的不同层次和发展水平的群体，制度和文化协同在发挥重要的作用；此外，水稻研究和农业研究一样是个长期的过程，周期长、投入大、见效慢，依靠单一种植户和相关的农业科研院所很难进行完善和推广，需要团队乃至组织系统创新完成，同时水稻知识源头创新会带动天津市水稻整体产业资源要素的集聚，延长水稻的产业链，促进水稻产业链向高级化方向发展，因此资源导向和整合起到关键性作用。

（三）天津水稻知识源头协同创新的内容

如图 8-1 所示，水稻知识源头协同创新内容可以根据创新的过程分为基

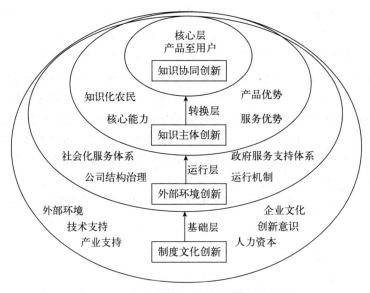

图 8-1　水稻知识源头协同创新结构层次

础层、运行层、转换层和核心层四个层次。其中基础层主要职能是为水稻组织的核心能力提供外部支持，如水稻企业的创新意识、人力资本等，水稻企业外部如政治经济环境、法律法规建设、产业支持以及技术支持等，外部环境支持是组织创新能力外部条件，可以加速和减缓创新过程。运行层是支持水稻企业核心能力的内外部因素的集合，内部因素包括内部的结构性治理、良好的运行机制，外部是为其提供支持的社会化服务体系和以政府为主导的公益性支撑体系。转换层是水稻组织的核心能力的体现，是知识化的种植户通过一定的营销渠道将具有产品优势和服务优势的产品销售给消费者，即水稻组织内资源的整合过程。核心层是将稻米产品销售给消费者，这一过程实现了水稻的价值飞跃。这四个层次依次递进，共同构成了水稻知识源头协同创新的发展过程，这四个过程包括了创新主体、资源、环境和技术协同以及文化及制度协同。

1. 水稻行为主体协同

行为主体包括水稻组织创新主体、水稻知识创新主体、稻米服务创新主体、水稻种植环境创新主体四大主体，其相互协调、共同作用，构成了新型水稻组织创新能力体系的基本框架，水稻相关知识创新、知识分享、知识运用、知识扩散都是各个水稻创新主体协同的结果，其核心内容是稻米的科技成果产业化。

在水稻知识源头协同创新系统中，人是最主要的因素，充分发挥各个协同主体的积极性和主动性，构建创新水稻知识联盟，可以有效促进水稻种植、水稻营销、水稻加工等相关产业知识的传播和分享，有利于发挥各个主体的特长，促进农业科技从实验室走向田间地头，推动水稻产业链上不同的创新主体深度融合，在合作中开展竞争，从而不断提高水稻产业链上各类组织的竞争力和创新能力。

2. 水稻资源和技术协同创新

水稻知识源头协同创新就是将水稻产业链上各种资源进行优化组合，打破各个组织之间的合作界限和障碍，促进资本、信息、技术在水稻产业链上的自由流动与优化组合，将各类创新资源集中于水稻的科技创新过程，不断提升水稻产业链的附加值。

3. 制度和文化创新

水稻的协同创新离不开外部环境的支持。首先是依托一二三产业的联动发展，依托城镇化、工业化、农业现代化、信息化的互相融合，水稻创新体现出不同产业的融合性；其次是对水稻整体发展模式的创新，刺激水稻产业结构调整，进一步增强水稻产业的发展活力；再次是科技扶持力度的大幅度提升，不断提高水稻种植户的科技文化水平，不断提高水稻种植的科技含量，进一步增强水稻产品的综合生产能力和市场竞争力；最后要打破不同创新主体之间的制度壁垒，消除传统认识的差异及文化氛围的冲突，以高校和科研院所为导向，以知识传播为主要目标，以水稻产业组织和农业龙头企业为先导，以政策为支撑，推动不同利益主体合作共赢，打造良好的创新环境，以制度和文化推动农业科技成果创新与推广的可持续发展。

二、天津水稻产业链存在的主要问题

（一）结构不完整

1. 水稻产业链短且窄

农业产业链长度是衡量农业中间环节烦琐与否的一个重要指标，其开始于农业产前筹备工作，结束于农产品销售，一般来说中间环节越长即农业产业链越长，一方面可以有效缓解产品价格的波动，实现农产品的有效供给，另一方面各个环节产业化运作可以提高产业运作效率。水稻产业也不例外，一个高级的水稻产业链一般是具备加工环节烦琐化、储运手段现代化、营销渠道多元化、服务体系网络化、配套设施专业化等现代产业链特征的链条。水稻产业链的延伸与水稻品种的深度开发是紧密相连的，伴随着水稻品牌和稻米产品附加值的不断提升，伴随着科学育种、科学管理、科学营销等活动专业化不断深入发展。目前天津水稻产业链的主要问题就是链条短且窄。

水稻产业链短主要体现在水稻发展停留在生产种植阶段，稻米的销售是直接上市销售的。其中的储运环节、加工环节、销售环节创新较少，依旧停留在农业初级销售阶段，水稻的附加值较低，收益差；深度开发延伸水稻产业链一方面在生产环节要强化科技的引领作用，依靠科技提高收益率，另一方面在加工环节要体现稻米产品的深度开发与市场开拓，通过现代营销手段引领粮食产品类的市场需求，通过深加工来提高稻米的档次和价格，走水稻内涵式发展道路。

2. 水稻产业链断裂严重

水稻产业链由不同的利益主体构成，共同完成稻米从生产到销售的整个过程，各个环节之间的匹配与协调程度，决定了链条作用的发挥与价值的实现。水稻产业链的良好运行还取决于水稻的产业供给与市场需求的有效衔接，需要产业链上的各个环节环环相扣，协同合作。目前天津水稻产业链最突出的问题是产业链发展存在断裂问题，在一定程度上影响了水稻产业的优化升级，这主要体现在如下方面：

（1）天津水稻产业链呈现两头大、中间小的发展格局。在天津市惠农政策的大力支持下，天津市水稻的生产环节和销售环节较为发达，而中间环节发展相对滞后，尤其是农业中介组织发展滞后，这就导致水稻的供给与需求脱节，造成市场效率低下。

（2）跨组织管理造成产业链协同管理不及时，信息传递失真造成产业协同效率较低。天津市水稻产业在运输和销售方面农户的自主程度较高，且受小农户自身的限制，不能有效应对市场价格的波动，以及对自然灾害的预警能力不强，导致水稻种植户对于稻米市场信息的接收和处理能力不强，产业链的协同性不高。

（3）农业科技作用发挥不明显。天津市虽主力打造都市型农业，水稻也是农业中政府大力扶持的项目，但是就目前的情况而言，天津市的农业技术和农业生产与市场衔接存在障碍，尤其是水稻产业，如何在已有的水稻种植基地提升产出效率，是目前较大的问题。这种障碍既有制度性的，又存在市场性的，需要通过综合改革加以完善。

（二）产业链不健全

1. 生产的组织化程度低

我国农业的基本经营制度是以家庭承包经营为基础，统分结合的双层经营体制，这种经济体制符合我国农村经济发展的实际，在一定时期促进了我国农业生产力的解放，但细碎化的经营导致劳动力对于土地的依附以及农业生产比较效益偏低。分散的小农经营造成了农业生产组织化程度较低，限制了农业生产效率的提高，需要通过土地流转、农业组织形式创新等方式来逐步完善。而水稻产业作为主食性产业，相比于其他农产品更多地依托土地资源，目前天津市尚未形成统一的水稻种植基地，呈现出规模化种植和小农户种植并存的局面，水稻生产的组织化、统一化程度较低。

2. 公司治理结构不健全

天津大部分农业产业组织依托传统的农村圈层结构逐步发展而来，带有明显的家族或宗族特征，因此农业类公司无论在组织结构上还是在管理制度设计上都带有明显的家族管理特征。农业组织在融资、经营决策等方面主要靠带头人的决定，带头人的能力决定了农业组织的发展。

3. 水稻专业化程度低

天津市主力打造都市型农业，近郊化都市的土地大多分散，导致了天津市水稻产地的规模化生产成本上升，制约了农田水利设施的建设，也制约了大规模机械的使用，使得一些农业企业不愿意进行大规模投资；虽然政府支持的水稻产业发展较快，且水稻类的农户组织、联盟组织等发展较快，但大部分农业组织利益联结松散，融资困难，规模普遍偏小，服务功能、带动功能以及相互之间的协作能力较弱，制约了水稻专业化、组织化、规模化生产的扩大，当前的农业产业链发展多集中于种植环节和销售环节，技术服务以及信息服务等高端产业链较少，这严重影响了水稻组织的经营效率。

（三）效益较低且区域差别显著

1. 农业产业系统化和特色化不足

天津作为直辖市，土地资源稀缺，工业发达，存在大量兼业劳动力，农业生产从传统小农经济向集约化农业发展，但受到传统农业思想的影响，天津农业产业系统化不足，体现在"中间大、两头小"，农业生产投入大，但在科研和销售环节投入小，农业生产重视种植环节，轻视种子研发和市场模式创新。由于农业生产不能覆盖全产业链，因此水稻产品同质化严重，高端品牌特色不突出，不容易被市场认可，产业经营模式落后必然导致产业效益不高。

2. 城乡一体化水平不高

城乡一体化是现代农业协同发展的基本特征与要求，作为沿海发达城市的天津，整体水平和城乡差距与期望值仍有很大的差距，主要体现在如下方面：

（1）农业基础设施落后。 由于人们对人工劳动的依赖性，导致农业劳动生产率远远低于工业。再加上城乡基础设施的差距，如道路建设、垃圾处理系统、信息化相对落后，阻碍了农业产业链的发展。

（2）农村资源的限制。 农民收入较低且具有不稳定性。因为市场需求的不稳定性，农民的收入会受到直接的影响，这与农业产业需要持续稳定的协调发展有直接的矛盾。

（3）农村与各区位的发展差异较大。 环城四区与滨海新区以及各开发区不同的区位优势和劣势，造成的收益差距无法估量。此外，各乡村之间的经济发展水平也参差不齐，再加上农村本身的现状差异、管理者素质不同、管理的执行力度不同等因素，都直接影响着农业产业的有效开展。

（四）相关配套机制不健全

1. 利益协调机制不健全

水稻产业链的各个主体占有资源各不相同，仅仅靠经济实力与市场机制进行利益分配不能很好地调动产业链上各个利益主体的积极性。在水稻产业链中，水稻种植户负责最初级的耕种，稻米的最终定价权却掌握在龙头企业手中。由于种植户的经营规模小且分散，不够专业，以及买方市场结构与信息的不对称，价格并不能以价值为基础，受到市场需求的影响。为了保障水稻产业链的健康运行，必须建立能激励各个经济主体共同创造价值、共同承担风险、共同分享利益的健全的利益协调机制。

2. 风险控制机制不健全

水稻产业链中，每一个环节的质量与安全都直接影响到整个流程的运行效果。水稻作为一种粮食，在生长和种植过程中出现的农药残留、加工流程不规范等现象可能导致人们对食品安全存在重重顾虑。农业产业链的运行准则是：利益共享，风险共担。然而，在出现价格或供求风险时，农业产业链上可能会出现违约的风险，产业链运行受阻，解决这种问题既要依靠产业链的风险控制机制，又要依靠市场经济的公平守信的市场环境，尤其是风险控制机制，产业链上的主要产业组织会依据稻米的销售状况规避自身风险：当稻米销售良好时，履行合同；当稻米滞销时，压价或者拒收。而农民作为链条最底层的承载主体却无能为力，这种风险承担机制损害了农户的根本利益。

3. 金融保险机制不健全

在一些金融机构发放的农业产业贷款中，期限、规模等条款存在弊端：信贷规模较小、期限较短的贷款不能满足农业产业链长期的运作。例如，种植业资金需要使用期限 5 年，由于抵押资产不足、贷款利率浮动限制等因素，信贷资金期限仅为 1～2 年，因此企业会选择产业化粮油短期贷款，便不能满足企业中长期贷款的要求了。

三、天津水稻科技链存在的主要问题

（一）科技创新主体能力不足

1. 水稻科技创新意识有待提高

通过调查，天津各县（区）的农民在文化素质尤其是农业科技文化素质方面普遍不高，处于对科技知识主动搜寻而又难以吸收的尴尬境地，随着都市农业产业结构的逐步转变，比较收益促进农民的科学意识不断增强，对科学知识的运用不断增多，对增产创收的目的不断增强，但是大部分农民还是过于看重眼前的利益，缺乏长远的发展眼光，像一些见效慢但前景远大的农业技术普遍不被农民们接受。相对于农业科技人员的指导与建议，村民们更愿意效仿邻里间的作业方法；比起农业科技人员的专业培训，村民们更愿意相信广告带来的效益。

2. 水稻科技创新投入不足

（1）水稻科研经费不足。天津农业科技资金投入与工业项目的投入资金相比占比较低，远远不能满足天津农业及农村经济发展对科技的需求。尤其与资源禀赋相近的北京相比，在农业科技投入经费方面存在较大的差异。随着天津经济社会不断发展，近几年总体的科研经费虽然在不断增加，但是很显然农业产业仍然不受重视。小站稻是天津市农业粮食类的主要代表，但是有限的政府资金多用于科研，制约了水稻科技成果转化的实现及水稻产业化的发展。

（2）水稻产业相关配套体系建设的经费不足。在水稻创新发展的科研经费不足的情况下，因为资金限制，不能放开去大力开展高层面大范围的活动，仅靠科研创新是无法解决水稻知识源头创新的，产业链上各个利益主体的相关配套体系建设完整才是促进水稻产业发展的重中之重。

（3）**基层推广资金不足**。水稻作为粮食主产品，其稻米的销售点遍布各城区。但是基层的基础销售仍旧是稻米产业的主力，没有足够的资金支持，一些水稻品种的农业科研、推广工作不能正常开展。

（4）**水稻种植户的培训经费不足**。水稻的创新发展资金更多使用在了水稻品种的研发、创新和推广上，对于水稻种植户的培训重视不足，投入不足，对于从事水稻研发种植的技术人员的再培训则更显不足，部分水稻技术人员的综合素质与工作能力已经远远落后于时代的发展。

3. 水稻科技创新人才缺乏

农业科技人才不足，尤其是创新型人才匮乏是天津农业科技发展面临的普遍问题，水稻产业更是如此，高端人才更是凤毛麟角，不能满足创新型农业发展的要求。尤其是水稻技术工作的环境差、工作条件艰苦、社会地位低等因素，导致人才流失的现象非常严重。为了培养实用性人才，全市各区在培训工作上下了很大的功夫，但是面对庞大的农业人口，能够起到示范带头作用的劳动技术人员少之又少。当前天津近六成的农业科技人员集中在高校和科研院所，能够在生产一线指导农户进行农业生产，帮助农户进行市场预测的农业技术人员屈指可数，农业科研与应用型人才脱节制约了农业科技成果的转化。

4. 水稻的科研支撑力有待提高

天津现代农业发展需要各种要素的支撑，尤其是水稻科技服务业的发达程度是决定天津市粮食类农业科技成果转化的重要保障。当前天津水稻的科技成果转化率较低，水稻创新资源的集聚和协同困难，一方面各县（区）交叉重复的科研力量使得研究效率的降低以及资源的浪费；另一方面水稻种植、研发以及营销等技术的供给需求脱节，技术创新、推广以及需求者之间的利益不协调，真正具有推广价值的、实用的、在预期生产效益内的、先进的成果数量少之又少。

（二）水稻产业的产学研结合不紧密

1. 产学研合作深度和广度有待提高

供需对接会、科研项目委托研发契约模式与高校企业实体共建是产学研的三种合作模式。尤其是对接会模式，应用最广泛；近些年契约型模式也普遍被人们接受；第三种模式相对于前两者运用较少，大学传授的基础性以及简单的应用性教学与市场真正需求的技术型研究难以对接造成了这个局面，再加上企业不能给高校提供及时有效的市场反馈信息，使得高校与研究院的科研成果显得不切实际，过于空洞。为此，只有切合实际加深产学研的对接才能促进水稻的科技创新。

2. 水稻的科技资源配置不合理

农业是基础产业，而水稻产业是天津农业产业的重中之重，在科技资源配置中，目标与资源存在严重失衡的现象。首先，因为水稻生产与研发的科技条件较差，待遇落后，使得水稻的科技从业人员流失严重。再者，政府对农业科技产业投资较少，除去因为科研体制结构不合理造成的资源浪费，真正用于水稻科技创新的资金实在有限。天津市中小规模的农业科研机构较多，内部和后勤人员过多，与科研人员存在失调；科研内部力量的分散、研究内容的重复、研究成果的减少造成了科技投入的浪费。这些现象都不利于水稻科技产业的顺利健康发展。

3. 水稻的推广模式存在问题

农业科技的产学研指的是"研为前提、学为中转、产为目的"，天津的农业科技则体现为市农业农村厅业务处、科研院所、农业大专院校等依据自身对农产品市场需求、农业发展进程、农民的需求了解，研发出适宜的新技术、新机器及新品种，经试验之后进行推广。但在实际过程中，存在严重的产学研脱节。水稻科技市场是建立在创新成果成为现实的生产力之上的，也就是需要水稻产品转化为稻米并进行销售的过程，实际上，由于天津市农业科技研究长期过于关注自身农业学科，所以农业基础性研究过多，相对来说对应用性和开发性的研究有所疏忽。水稻产业也是如此，用有限的研究精力注入基础研究中，不但不能实现社会效益最大化，而且会造成社会科技供给需求的结构性矛盾。另一方面，水稻的科技创新产业缺乏整体规划与合作精神。国家对农业乃至农民不够重视，对其投资也较少。一些科技创新机构有名无分，严重缺少特色创新项目。此外，由于经费有限，部分现有的水稻科技示范园区也无法有力开展示范。

4. 水稻的科技成果转化率不高

天津人均耕地资源较少，水稻种植户大多以家庭承包为单位，生产经营规模很小，这种小规模经营不但浪费土地资源和劳动力，而且阻碍了水稻科技成果的快速转化与运行；农村劳动力素质普遍偏低，体现在农民老龄化、女性多、文化程度低、职业素养缺乏等特点，成为学习上的阻力；水稻的生产经营面临着来自自然、市场和技术方面的风险，自 2020 年以来，自然灾害逐年增多，这种不可抗力因素带来的损害很难规避。水稻生产过程的不稳定性和农产品市场的不确定性，使水稻种植户不敢贸然接受新兴的科研成果，从而影响水稻科技创新成果的转化。

同时在农业高技术产业创新机制中，技术成果转化需要三个阶段：研发、中试、产业化。但是天津对各个阶段的资金投入分配不均匀，尤其是有限的资金几乎用在了实验前期，而国际通行的各阶段资金投入比为 1∶10∶100。显而易见，资金投入严重失调，再加上天津的投资机制不完善，资金短缺则成为当前最大的绊脚石。

根据《天津科技统计年鉴》，天津科研经费支出分布如表 8-1 所示。

表 8-1　天津 R&D 经费支出分布

单位：亿元

年份	R&D 支出	政府资金	企业资金	外国资金	其他资金
2018	370.62	11.92	351.26	1.82	5.61
2019	344.09	7.00	337.06	0.01	0.01
2020	361.97	6.93	349.74	1.71	3.50

资料来源：《天津科技统计年鉴》（2018—2020 年）。

天津高技术产业的科研活动主要以政府资金和企业资金为主，科研经费以企业自行投入为主，在传统农业企业相对弱小的天津，单纯依靠农业企业进行科技创新和产业化发展难度较大，风险较高，对于水稻产业而言，必须加强政府资金对于水稻科研企业的支持，才能突破水稻企业科研资金的瓶颈，进而提高水稻产业的科技成果转化效率。

四、天津水稻双链融合背景下协同创新体系的设计

（一）水稻科技协同创新体系的目标

水稻科技协同创新体系既具有协同创新的一般特征，也带有农业的鲜明属性特征，其发展动力有市场驱动型、技术推动型，也有政府推动型及混合型发展动力，其中水稻组织在水稻知识性源头创新和协同发展过程中起到了核心的地位和作用。以往的协同创新往往是常规技术多、高新技术少，产量技术多、品质技术少，知识形态技术多、现实转化技术少，这些弊端制约了农业产业链的优化和升级。面对高度竞争的市场，天津市水稻的发展应该着眼于粮食类产业共性、掌握水稻产业链的关键环节和技术链的核心，通过产业链和技术链的融合推动天津都市农业的规模、效益不断提升，因此可以从宏观及微观两个方面对天津市水稻科技知识源头协同创新的内涵和目标进行探讨。

第一，水稻科技协同创新以水稻知识源头创新为起点，以市场和政府推动为驱动机制，以水稻科技成果转化体制和水稻产业链为传导，整合产业链上的资源要素，在以产学研及市场开发为核心的多元主体的深度合作的基础上，实现水稻产业链和技术链双向融合的过程。

第二，水稻科技协同创新是水稻科技主体在产学研方面的协同配合，在与外部环境之间的知识、信息、技术、资本等创新要素的聚集、融合和互动的基础上，通过关键技术的突破取得知识性原始创新，推动共性技术、关键技术、技术构架的集成和示范，形成水稻科技成果转化体系，提高水稻科研团队的创新能力；进一步推动水稻种植的产前、产中、产后等各个环节的优化与升级，推动水稻产业组织向现代化方向发展，不断促使水稻产业链和技术链的双向融合。

（二）基于双链融合的水稻科技协同创新体系的设计

协同创新是开放式创新和系统创新的有机统一，水稻科技协同创新是一个开放复杂的大系统，并呈现系统等级性和网络组织性，是水稻科技宏观系统和微观系统共同作用的结果。宏观系统主要包括协同创新的环境创新、制度创新和文化创新，其协同创新提供资金、政策以及氛围和企业家精神的支持，是协同创新重要的外部支持；微观系统包括水稻研发技术链上的知识性源头创新组织和外部协同组织，水稻产业链上的以种植户为核心的产业组织以及农业社会化服务组织。

协同创新系统以水稻知识的源头性创新为出发点，通过原始性创新带动系统内各个创新资源重新在系统内不同组织之间分配和转移，其中必然涉及各经济主体的利益分配、观念协调，涉及相关制度和法规的建设，涉及资金流、技术流、信息流等要素资源的流动方向和动力，涉及各个创新主体人才培养和资金投入，涉及地方和村集体之间的工作衔接问题。总之，由于系统内存在不同的利益主体，所以创新主体的资源整合往往表现为新资源逐步从封闭和分散走向整合和协同，其中制度建设、市场化运作、利益协调机制、合作机制等要素的构建成为协同创新的黏合剂和催化剂。

水稻的协同创新微观系统是创新的核心部分，系统外部为辅助创新系统，两者共同构成了开放式的网络互动组织。微观创新系统分为核心要素层和辅助创新系统。核心要素层分为原创性知识系统（包括农业院校、科研院所）和创新源外部协同系统（包括水稻科学成果转化组织和机制以及农技推广机构）。辅助性协同创新系统包括产前服务体系、产中服务体系、产后服务体系及综合性服务体系四个部分。产前服务主要考察农资供应、种苗供应、土壤改良、农技培训服务等，产中服务主要考察机械化插秧、收割、烘焙服务、病虫害防治、化肥农药投入指导、产中生产指导、农田水利灌溉服务，产后服务主要考察稻米的销售服务、包装、存储、运输服务，农业综合性社会化服务主要包括信贷服务、保险服务、信息服务、气象服务、技术信息服务、政策法规服务。各类服务相互补充，相互协作，通过开放式协同创新共同推动农业科技和农业产业链有效融合发展。

同时水稻的科技协同微观系统可以通过产学研深度结合实现，其发展动力机制可以通过如下路径实现。可以通过市场拉动实现，以市场强大的需求为拉动力，通过水稻产业组织的协同，形成产学研合作，最终形成协同创新；可以通过政策推动实现，通过政府对于产业链和科技链的有效协调，提高协同创新效率与市场认可度，形成产学研与市场的对接，提升协同创新效果；也可以通过技术创新直接推动产学研结合，产生协同创新的效果。具体如图 8-2 所示。

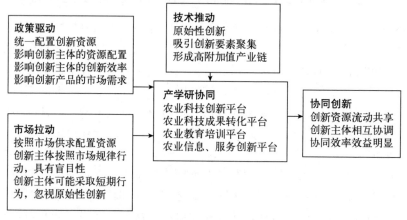

图 8-2　水稻协同创新路径选择

水稻产业链和技术链的双向融合可以产生协同效应和整体突变效应。科技创新主体和产业创新主体在系统中居于主导地位，具有主观能动性，可以通过创新要素的有效整合实现双链融合效应。创新要素的有效配置可以推动创新主体交流和互动，推动水稻的产业链和技术链的有效融合，进而推动水稻产业链升级和延伸，产生新的市场需求，进一步推动技术链的延长和深化；技术链的延伸和发展又会对产业链不断升级优化，实现双链融合发展。在这一过程中，创新主体不仅可以提升自身创新能力，同时协同所产生的整体效率和效益远远大于个体，形成协同向系统化、集约化、产业化农业发展。

（三）基于产业链相对完备的市场驱动型双链融合路径

水稻产业链与技术链的融合发展受到了区域的经济发展状况、技术条件以及产业和市场条件的影响，产业链和技术链的融合实现路径也存在较大的差异，概括起来可以分为以产业链为主体的市场驱动型、以技术链为核心的科技推动型以及双链混合推动型的融合路径，天津各地区根据自身情况选择合适的发展路径。天津一部分区域水稻种植的历史悠久，基础较好，且水稻的产业链相对完整，外部经济和社会化保障条件发展较好，但水稻的核心技术的原始性创新不足，农业技术链发展相对落后，这些地区适宜以市场驱动带动双链融合发展的策略。

1. 以产业链为主体的市场驱动型双链融合发展过程

水稻产业是一个复杂的系统，作为国民经济的粮食主产业，既可以为居民提供基本的生活需要，又可以为第二产业提供原材料，也兼顾水稻服务业，水稻品种研发的原始创新具有周期长、难度大、市场前景不明确等特点，这决定了通过引进技术的消化与创新形成符合地方资源特色的新的核心技术，同时依托外部相对完善的产业链，以市场为主要调节手段，以产业链为拉动力，不断推动农业技术链的完善，促进双链融合发展。一般来说，基于产业链的市场驱动型双链融合路径的形成主要经历了三个过程，即引进技术推动完备产业链的形成、农业技术的知识性创新形成完备的技术链、市场驱动双链融合发展，其过程如图 8-3 所示。

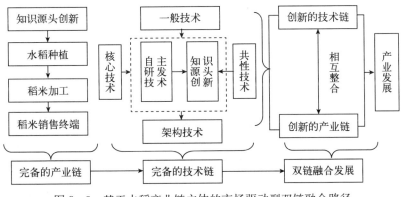

图 8-3　基于水稻产业链主体的市场驱动型双链融合路径

（1）通过技术引进形成相对完备的产业链。作为沿海都市农业的典型代表，天津农业在发展过程中落后于工业发展水平，但随着农业比较效益提高和惠农政策的不断推出，投资农业具有光明的发展前途，此时工业资本和社会资本会逐步涉足农业，而其发展往往不具有农业发展所需要的人才和技术，因此通过人才和技术引进来推动农业产业发展。小站稻作为天津市粮食土产业，借助天津外部良好的工业生产条件，巨大的市场容量和发达的经济条件为水稻产业发展提供了从种植、加工到销售的便利条件。

（2）自主创新构建出完备的技术链。水稻产业化的发展，使得稻米市场的成熟和竞争的加剧会导致利润逐步下降，农业企业竞争优势逐步丧失，同时市场出现同质化的竞争和消费者需求日益多样化，水稻相关企业认识到单纯依靠技术引进已经很难在市场上获得竞争优势，必须结合区域和自身特点进行相应的知识再创新，以市场需求为水稻品种研发的方向，以原有的研发技术为基础进行知识性再创新，从而逐步获得具有自主知识产权的符合当地实际和市场需求的新的水稻种植核心技术。

（3）双链融合促进产业发展阶段。新技术链形成以后，由于原有自身的技术优势，因而形成了一定程度上的垄断竞争，从而推动原有的产业链不断升级发展。产业链与技术链的融合发展主要体现在以水稻产品知识源头创新为核心所形成的产前、产中、产后生产和服务的技术支撑从数量到质量的飞跃，以核心技术为基础，从产前的土壤服务、种苗服务到产中的施肥、机械化服务、技术指导，再到后期的信息化服务、营销服务，技术链的变化带动产业链逐步由低端向高端演进，同时不断推动技术创新和技术服务产业化发展。

2. 市场驱动型双链融合路径 SWOT 分析

SWOT 分析就是当区域水稻发展所需要的产业链容易构建而技术链相对落后时，在对该区域市场调节下双链融合的优势、劣势、机会和威胁等要素进行分析的基础上，提出不同条件下区域水稻科技的发展策略。具体情况如图 8-4 所示。

SWOT 矩阵	机会（O） 1. 外部市场容量大 2. 良好的科技创新氛围 3. 国家政策的大力支持 4. 企业自身支持	威胁（T） 1. 同行竞争加剧 2. 市场开发难度增大 3. 消费者对产品认可度不明确
优势（S） 1. 产业链完整，双链融合获得相应支撑 2. 技术引进的后发优势明显 3. 技术链创新具有技术和市场基础	SO 战略 利用优势，抓住机会 1. 获得更多的政府支持 2. 满足客户需求，占领市场 3. 形成自身技术优势和市场优势，进行垄断竞争	ST 战略 利用优势，化解威胁 1. 开发新产品 2. 做好老客户的维护工作，长期进行关系营销 3. 继续开发新的产品和新的客户资源
劣势（W） 1. 技术引进失败风险 2. 容易形成单纯学习模仿的思维定式 3. 内部自身研发能力不足	WO 战略 利用机会，克服弱点 1. 加大技术投入力度，逐步缩小差距 2. 了解新客户需求，最大可能地为其提供个性化服务	WT 战略 撤退收缩，规避风险 主动撤退，采取集中市场战略，发挥自身优势

图 8-4 市场驱动型双链融合路径的 SWOT 分析

（1）SO 战略。对于外部环境优越并且企业本身具有优势的水稻企业，可以通过核心技术引进，打造自身相对完备的技术创新链，通过自主知识创新降低研发风险和缩短周期，实现快速发展。同时利用自身的后发优势快速占领市场，满足消费者市场需求，通过自身的市场地位和技术地位进行垄断竞争。

（2）ST 战略。该战略主要来自外部同行竞争的威胁，通常水稻新品牌的入市会引起同行的模仿和引进，这时可以充分利用自身的技术研发优势，在技术上保持领先，树立自身行业领导地位，保持市场占有率。

（3）WO 战略。水稻企业自身实力不足但外部机会较大的时候，更适合实行技术引进、消化和吸收战略，这样可以减少投资，降低风险，实现企业快速发展。但是核心技术不容易获得，技术转让和消化吸收需要一定的时间和能力，如果技术引进后还需要向引进方学习技术的应用和管理，会造成企业对技术引进单位的依赖性，增加企业研发成本。

（4）WT 战略。如果水稻企业处于不利的环境，进行技术引进要将重点放在自身竞争力较强的领域，集中优势资源进行战略研发。充分利用外部水稻产业链相对完整的情况，实行集中市场战略，充分发挥自身核心优势，通过服务外部等方式弥补自身短板，实现发展。

（四）基于技术链相对完备的技术推动型双链融合路径

1. 技术推动型双链融合发展

在某些地区，水稻的技术链比较完善，但水稻的产业链发展落后，在这些区域需要以技术链作为切入点，通过科技的知识性创新带动产业链的不断完善。

如图 8-5 所示，水稻的产业化发展的起点是要具备有竞争力的稻米产品，从核心水稻品种的创新到粮食类市场创新，再到水稻产业链的优化升级，一切都以水稻产品的产业核心竞争力的形成为起点，在这个过程中，水稻的知识性源头创新成为关键。

以核心技术为导向推动农业产业链的完善和发展具体可以分为三个阶段：核心技术产业化阶段、核心技术扩散带动产业链形成和发展阶段、双链融合发展阶段。

第一阶段是核心技术产业化阶段。水稻科技成果的研发和转化是水稻产业化的前提和基础，这一过程涵盖核心技术的原始性创新、区域适应性栽培、稻米的工业化包装加工、粮食类市场开发与推广的整个过程。

第二阶段是核心技术扩散带动水稻产业链的形成和完善。以水稻品种研发为核心技术的出发点，通过龙头企业的带动和示范效应吸引同类企业进入该领

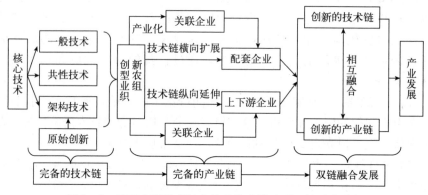

图 8-5　基于水稻技术链主体的技术推动型双链融合路径

域，总之在龙头企业的技术链发展的带动下，通过水稻技术链的延伸和扩展推动相关配套企业、上下游企业的创新与发展，逐步形成以龙头企业为核心的相对完整的产业链。

第三阶段是双链融合发展阶段。在这一阶段，水稻的产业链在技术链的推动下不断完善和发展，此时产业链利润的驱动力会推动技术链上核心技术的不断研发和完善，实现技术链在空间上和地域上的扩散效应，推动产业和技术在地域空间的集聚效应，强化产业链上企业的关联关系，形成双链良性互动发展。

2. 政府主导模式下的混合型双链融合发展

在水稻产业化发展到一定阶段，水稻产业的科技水平得到了较大的提升，出现水稻产业链和科技链发展路径不协调的问题时，以政府为主导的双链交互融合发展的路径成为必然选择（图 8-6）。这一路径经历了技术链与产业链独立完善发展过程和双链融合发展过程。

第一阶段是技术链和产业链独立完善发展过程。在这一过程中相对独立的产业链和技术链共同推动了水稻产业化的发展，但随着种植规模的不断扩大，水稻产业化的边际效益呈现递减的趋势，如果没有新的突破，水稻产业可能会逐步萎缩，最后被市场淘汰；如果维持现状，可能导致行业整体利润率下降，竞争将逐步加剧；如果突破瓶颈则可以获得新的快速发展，而突破瓶颈的关键就是技术链与产业链的交互融合发展，找到新的利润点，开拓新的发展空间。

第二阶段是双链融合发展阶段。在这一阶段，水稻企业所面临的任务是突破粮食行业发展的瓶颈，改变现实利润率下滑的局面，推动产业持续发展。技术链和产业链衔接问题的解决也是双链不断融合、向高级化方向发展的过程。此时技术链的创新为产业链的可持续发展提供了技术支撑和产品保

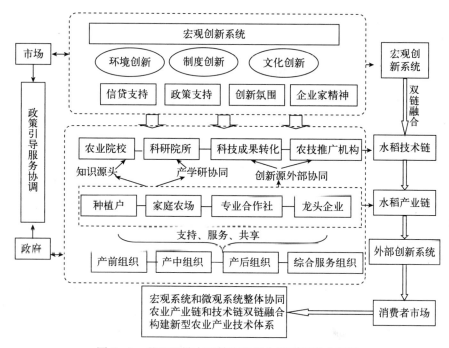

图 8-6　基于双链交互效应的混合型双链融合路径

障，产业链的不断延伸和拓展为技术链提供资金、市场等方面的动力，双方交互促进，完美结合，形成了相互推动的发展局面，在这一过程中，政府要发挥政策引导、服务的基本功能，保障双链融合向着高级化、可持续化方向发展。

五、大力推动水稻产业知识源头创新

（一）完善科技信息交流平台

农业信息化平台的建设是解决农业生产信息不对称问题的重要路径。产学研结合是农业信息化平台建设最便捷的方式，因为产学研合作过程参与者的多元化，所以想要做好供需双方的沟通就需要一个合适、合理、便利的沟通平台，通过信息平台建设，可以实现稻米的双层经营模式，通过线下实体经济和线上虚拟经济的有效结合，可以有效加强产需结合。

虽然天津重视种源的研发和推广，但由于水稻种源多样化，市场开放，信息发达，政府很难管控，农户很难作出科学专业的判断，导致后期种植技术推广、病虫害防治以及新技术推广、营销等方面都出现实际的困难，无法实现稻米产业标准化、产业化、规模化的发展要求。因此在京津冀一体化背景下，可以通过水稻信息化平台以及高技术水稻示范园进行技术示范与信息传播，逐步做到统一种源、统一管理。

（二）完善科研合作机制

加大产学研三种模式的合作力度应以企业为中心，建设重点项目实验室，打造农业技术、企业研发与农业科研院所等创新平台。同时，为了有效发挥人才的职能以及对人才的培养，将高校、科研机构的人才引进相关企业的实验基地，也有利于企业引进新技术与新想法。另外，政府应根据实际情况与特点制定合理、有针对性的优惠政策，如减免税收、科研奖励、农业补贴等，由此强化农业科研院所与农户、农业企业的紧密结合，发挥产学研联盟的重要作用，推动农业高新技术产业群的形成和发展。

（三）政府主导整合创新要素

天津高新都市农业链存在上下游脱节、创新资源不集中、整合能力较弱的状况，为尽快实现整体产业链和创新链的有效整合，必须加快对创新资源的整合。针对水稻产业而言，一方面要重点培养产业内的核心企业与龙头企业，优先扶持在技术或规模上起带头作用的企业，以龙头企业和规模专业合作组织为基础带动区域产业化发展；再者，解决核心技术的关键在于把自身技术与先进技术有效结合起来，避免模仿创新，为先进人才与技术的引进打好基础。另一方面，要形成集群内各企业相互协作、相互依存的专业分工型网络。产业集群的发展要依靠产业内部各个组织的协同配合，从水稻技术研发到种苗培育，从土壤分析到水稻种植、收购、加工等机械服务，再到田间管理、市场销售诸多环节都需要有序配合，因此构建综合性社会服务体系，最终形成以龙头企业和农业合作组织为核心，各类中小生产型和服务型组织互相协作的创新型水稻产业体系，促进水稻产业的生产效率和效益的稳步提高。

（四）打造水稻产业组织

大力发展适度规模现代水稻产业，其核心是打造水稻专业化合作组织。我国长期以来实行家庭联产承包责任制，形成了土地条块分割的经营格局，不利于规模经营，特别是在人口稠密的发达地区，土地规模小，单块土地经济价值低，农业兼业化程度高，因此建立土地流转制度，加快农业资源向资本转换是实现农业集约化经营、增加农民收入的重要出路。建立土地流转平台，允许水稻种植户以土地作为资本入股水稻产业组织势在必行。鼓励以土地的自然禀赋和以种植户经济利益为核心的现代农业产业组织的创建，鼓励规模工业企业参与水稻的产业链建设，重点帮扶龙头企业以资金、技术、设备参与水稻的生产、加工和流通，组建新型水稻企业，不断完善组织机制，完善管理制度，建立现代公司制的新型水稻产业组织。

（五）引进水稻风险投资机制

风险投资适应于投资周期长、风险大但想要高收益的企业，是技术创新与金融创新相结合的产物。水稻品种和市场等各相关环节的关联度高低、结构是否复杂，任何环节可能存在的技术、生产问题及社会风险都决定了水稻产业链的绩效。但是水稻产业化的经验不足、管理机制不合理和缺乏相匹配的管理工具，使金融机构不能完全掌握水稻产业链的资金配置和流向，产业链上现金流和贷款代偿代扣等风险监测、预估不到位等都会导致水稻产业的融资风险较高，同时水稻产业作为主食性产业，研发周期长、市场变化快等特点也决定了知识创新的高风险性，因此，引进水稻的风险控制机制有利于进一步了解水稻产业资金的流向和促进知识源头的创新发展。

第九章 天津水稻产业融合发展

一、农村产业融合相关概念及目标

党的十九大以来，促进农村一二三产业融合发展成为支持和鼓励农民就业，拓宽增收渠道的重要措施，一二三产业融合不仅仅能够推动城市资本投资乡村，丰富乡村经济业态，完善发展农业产业链，还可以大大增加农业收益，因此推进农村产业融合发展，是解决"三农"问题的重要途径。改革开放以来，我国农业的生产条件不断改善，各种农产品的产量、农民收入不断增加，相关配套设施日渐齐全。然而，目前依旧面临着如生态环境压力增大、城乡差距缩小不明显、农业生产成本上升、国际农产品市场竞争激烈等问题。如何促进农民收入增加、缩小城乡发展差距、不断激发农村发展活力成为目前急需解决的问题。农村产业融合发展为解决这些问题提供了方向，激发农村发展活力、促进农民持续增收的重要途径之一就是加快农村产业融合的进程。随着近些年各地区农村产业融合发展的推进，多样化的利益联结机制形成，产业融合经营主体的数量不断增多，但仍然面临着整体融合发展水平低、产业融合主体缺乏带动力、农业科技利用度低等问题。

（一）产业融合

产业融合是指产业间的边界不断模糊，使资源要素在不同产业间或者同一产业的不同行业间流动，从而可以提升融合产业的生产效率，并可以促进技术创新，技术创新通过渗透作用又会反过来推动融合。产业融合通过产业间相互交叉、渗透，使处于低层次的产业逐渐成为高端产业的一部分。在产业融合的分类上大致可以分为三类，即产业渗透、交叉、重组。产业渗透主要是技术水平高的产业向相对落后的产业渗透，从而带动相关产业发展。产业交叉主要发生在高新技术产业，通过第三产业带动第一、二产业的融合。联系较为紧密的产业间经常发生重组融合，这一过程指的是原本相互独立的服务或者产品通过重组整合为一体，产生不同于原有的产品、服务。如第一产业内部各子企业之间，可以以生物技术融合为基础，通过产业链的整合，形成新的产业形态。综合上述分析，产业融合就是通过技术等要素的推动，通过产业间的相互交叉、渗透，使处于低层次的产业逐渐成为高端产业的一部分，从而实现产业升级的动态发展过程。通过产业融合可以提高产品的附加值，并形成新的发展机遇。

（二）农村产业融合

农村产业融合发展这一概念起源于农业的"六次产业"，农村地区各产业之积就是农业的六次产业。与农村产业融合相比，六次产业重点突出农业的多功能性，强调融合的方向由第一产业出发，向第二、三产业延伸。农村产业融合发展的内涵更为宽泛，融合方向不仅包括正向融合，还增加了第二、三产业向第一产业的反向融合方式，通过利益联结机制紧密联结农户与经营主体的利益，从而实现经营方式、生产方式的升级。随着农业的多功能特性日益凸显，一二三产业之间的界限日益模糊，呈现出融合发展的趋势。如观光农业，是第一、三产业之间的融合，既提供农产品，又提供服务。农村产业融合发展使各产业间原来明确的分工不断内部化，降低交易成本的需求和技术的普及利用为农村产业融合创造了机会，为旅游业的发展拓宽了融合思路。

（三）农村产业融合的内涵

从融合动力来看，对降低交易成本的追求促进了融合。由于交易中存在成本，追求利益的交易双方就会寻求降低交易成本的方式。科斯定理指出外部成本内部化可以降低交易过程中的成本，提高整体效益。同时，消费需求的转变迫切需要农业转变生产经营方式，以适应不断变化的市场。随着技术不断创新，由于技术具有正外部性，通过技术的渗透作用，可以促进农业生产方式的转变。从融合主体来看，目前融合主体主要是指新型经营主体，根据发挥的作用不同，主要分为专业大户、家庭农场等六大类。专业大户主要从事大规模的种养殖业，范围相对来说比较宽泛。家庭农场主要是通过家庭成员来开展经营，生产经营过程中也体现了一定的经营理念，其主要收入来自农业经营收入。股份合作社是指农民以其自有的资源入股，使农户多了股息红利这一项收入来源。专业合作社有助于发挥规模经济效益，有助于提高农业生产集约化程度，可以增强与市场的对接。农业产业化经营企业在技术资金、市场对接等方面有较大的优势。经营性农业服务组织在产品销售、资金互助、病虫害防治等方面可以为农业、农民提供服务，有助于提高农业的社会化水平。按融合的程度，可以分为初步融合、深度融合两类。初步融合指的是产业结构简单调整，没有形成新的商业模式。深度融合实现了在横、纵两个方向上的拓展，充分发挥了农业的多功能性，从而形成了新的商业模式。从利益联结机制来看，就是通过流转优先聘用等形式，将农户与经营主体的利益紧紧联系在一起，使农户分享融合过程中的收益，从而实现农民增收的目的。

综合以上几方面，农村产业融合就是通过降低交易成本、适应市场需求、提高技术水平等因素的推动，不断模糊各产业的界限，通过利益联结机制紧密联结农户和新型经营主体间的利益，从而实现农民增收、产业兴旺。

（四）农村产业融合的目标

农村产业融合就是以基本农业为主要资源，将资本、技术及其他资源要素进行跨界集约化配置，将农业打造成观光、体验、娱乐、科普等多要素产业链，通过产业链的延伸融合，并通过体制创新、模式创新等方式，将农业核心资源以一种消费者更加喜欢的形式展现出来，从而丰富农业产业体系，使得农业核心资源溢价和升值，在客观上也将传统的一二三产业紧密融合在一起。如图9-1所示，我国产业融合发展的主要目标有五个，通过产城融合协调、功能多样、业态丰富的农业产业形式，将利益主体紧密联结，使得农业产业链更加完整，溢价和竞价能力更强，当前在我国很多农业发达省份产业融合推动农村产业结构调整的作用已经显现，农村活力显著增强。

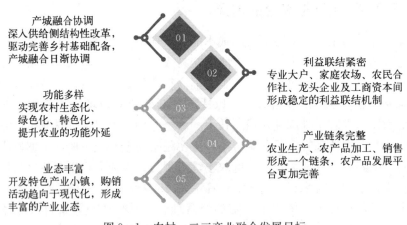

产城融合协调
深入供给侧结构性改革，
驱动完善乡村基础配备，
产城融合日渐协调

利益联结紧密
专业大户、家庭农场、农民合
作社、龙头企业及工商资本间
形成稳定的利益联结机制

功能多样
实现农村生态化、
绿色化、特色化，
提升农业的功能外延

产业链条完整
农业生产、农产品加工、销售
形成一个链条，农产品发展平
台更加完善

业态丰富
开发特色产业小镇，购销
活动趋向于现代化，形成
丰富的产业业态

图9-1　农村一二三产业融合发展目标

二、国内外水稻产业融合发展

（一）日本六次产业化经验

六次产业化发展最早由日本学者今村奈良臣在20世纪90年代提出，主要解决日本农场老龄化和产业利润较低的问题，提出要使得农业的附加值留在农户手中，最主要的方法就是通过从生产到销售的一体化服务构建完善的农业产业链，通过产业链的不断升级为农业发展提供价值溢出效应，增加农民收入，促进农村地区的活化。第六产业化的实质是以第一产业作为基础，鼓励农户搞多种经营，通过一二三产业的相互融合，获得更多的增值价值，尤其是提高农牧业资源利用效率，增加农产品和副业增加值，发展丰富的休闲体验项目，其目的是实现农业振兴，从而提高农民就业率与收入。之所以称为六次产业革命，从名称上讲是一二三产业相加和相乘都等于六，因此六次产业革命包括产业的加法效应和乘法效应。加法效应是通过产业链的整合，推动农业生产、加工、销售的一体化经营模式，形成完善的农业产业链，依托产业链实现其增值；乘法效应是通过产业融合的方式实现农业内部生产要素的创新，激发新的需求，形成新的业态，从而实现价值溢出效应。当前我国农业发展与当年日本农业发展处境相似，处于产业结构升级转型的关键时期，土地基本实现集中，农业产业链基本构建完成，突出问题在于农业产业效益较低，因此在 2015 年中央 1 号文件中首次提出产业融合理论，其在理论范畴上综合了农业纵向一体化和"六次产业"，其核心内涵指向多元市场主体依托高效经营模式，利用工业化、城镇化外溢效应等，创造出回流"三农"的一二三产业融合新价值，因此以技术创新和产业结构升级为核心的六次产业革命成为我国农业提升效益、解决资源外流的主要出路之一。

（二）六次产业结构理论分析框架

一二三产业之间的合作无论是用加法还是乘法，结果都是一样的，但这恰恰代表着农村一二三产业融合的内在机制不同。加法式的融合是在进行农村一二三产业融合的初级阶段，简单地根据产业自身特点及生产方面的关联进行初步的串联；而在融合发展的初级阶段之后，在加法效应的基础上引入了乘法效应，丰富了一二三产业之间融合的内在机理，使一二三产业之间的联系更为紧密，从而扩大了产业的溢出效应对农村一二三产业融合发展的正向促进作用，加速了新产业和新业态的出现。乡村振兴战略将产业发展置于突出地位，作为实现产业兴旺的重要手段，农村产业融合发展不是一二三产业的简单相加，而是逐步形成一二三产业相互促进、相互融合的交叉乘数发展效应。如图 9-2 所示，首先将设有加法效应和乘法效应的第一产业的生产状态设置为初始状态，这意味着在产业分割的情况下，第一产业仅仅从事农业生产，因此初始状态下第一产业的生产边界可利用生产函数来表示，即 $q = f(x)$，其中 q 表示农业的产出，x 表示农业生产要素的投入，横轴表示投入，纵轴表示产出，农业生产的经济可行区域为 I，生产边界与横轴之间的区域代表生产可能性的集合，区域中每一点与原点的连线体现了该点的生产率，即 $e(x)=f(x)/x$，表示一单位投入能带来的产出。其中 A 点和原点的连线与曲线相切，说明在该点规模是最优的，即在该点时投入规模所带来的单位产出是最大的。

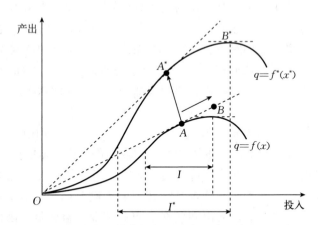

图 9-2　六次产业革命的加法效应和乘法效应理论含义

当农业产业发展处于加法效应时，产业规模扩张，产量实现了 A 点到 B 点的增长，这是农业产业链中引入了农业科技或者建立了新的营销渠道，或是农业与加工业结合提升了农业竞争力等因素，促进了第一产业内部各个要素的联动发展，从而提升了产量，增加了农户收入。农业的乘法效应则是通过一二三产业融合，促进各种生产要素重组与融合，实现一种新的业态，进而激发市场新的需求，形成溢出效应。在产业融合过程中，如图 9-2 所示，原有的生产函数发生了变化，形成了新的生产函数 $f^*(x^*)$，这导致生产可行性区间扩大，由 I 扩大到 I^*，而此时 A 变为 A^*，形成了新的最优规模产出。在产业融合的过程中，新的生产要素推动了新的生产方式诞生，进而推动了产出的增长，最终推动了空心化农村的就业和创业，实现了生态效益和社会效益的统一。

（三）国内产业融合模式

我国提出一二三产业融合发展模式，一是产业内部融合型，基于本地的特色农业，将农业内部的资产联系起来，通过内部的资源整合循环发展农业。二是产业链延伸融合型，主要做法是以农业为中心，强化农业生产，通过链接当地基础的农业产业环节以及现有的农业市场环节，将产业链条上农产品的各个环节连接在一起，完善农业产业链。这也是目前农业产业采取较多的一种模式。三是功能拓展融合型，可以理解为"农业＋旅游业"的融合，开发农业的多种功能，如农业产业园、农业旅游园区等。四是科技渗透型，这种模式是基于现有农业基础，同时利用物联网、互联网、大数据、云计算、区块链等现代信息技术，使农业产业边界逐渐模糊，发展起"农业＋互联网商业"的新模式。

三、天津水稻产业融合发展现状

（一）天津水稻产业融合发展的优势

天津地处平原地区，处于环渤海经济带核心地区，周围有众多的人口和城市群，为天津稻米产业发展提供了天然的市场条件，同时天津地区有种植稻米的悠久传统，小站稻作为水稻品牌，在天津及其周边形成了良好的品牌辐射效应。同时在水稻种质资源研究方面，天津水稻研究所、良种场等众多实力雄厚的科研机构为适合水稻种源的发展提供了科技支撑，水稻基础研究和产业多元化发展为天津水稻产业发展提供了人力物力保障。综合来看，天津水稻产业具备如下发展优势：

1. 水稻产业区域布局较为合理

截至 2020 年，天津已经形成了较完备的水稻产业区域布局。天津水稻产业以精品农业、大市场、大产业为发展思维，打破区域局限，注重水稻布局的整体性，突出区域经济特点，根据水稻的生物属性、土壤气候条件以及生产加工状况进行合理布局。宝坻八门城镇形成了宝坻小站稻推广种植区，以宁河芦台镇为核心，形成了小站稻主产区；以津南小站镇作为小站稻发祥地，打造精品稻耕文化示范基地。目前天津已经基本形成了宝坻、宁河、津南三大小站稻特色发展区，水稻产业功能划分清晰，各地根据自身资源和市场优势，按照比较原则和市场原则分别打造具有自身特色的小站稻发展模式，目前已经形成了布局合理、特色显著、发展迅速的小站稻产业发展格局。

2. 水稻种植规模化及销售渠道规模化

作为京津地区双核城市之一，天津自古商业发达，商流物流活跃。一方面稻米作为北方主食之一，天津拥有广阔的市场需求空间；另一方面发达的商品经济为水稻加工和渠道开发提供了丰富的渠道。当前小站稻种植面积呈现逐年增加的趋势，2022 年播种面积已经达到了 100 万亩；在逐步完善传统销售渠道的基础上，小站稻也搭上了电商的快车，直播、平台销售火爆，以天津主要水稻加工企业为核心，天津小站稻无论在种植还是销售渠道方面都已经形成了规模化的优势。

3. 水稻一二三产业融合、一体化开发特征显著

天津水稻产业已经形成了科研院所、商贸公司、农业生产基地以及农户参与的利益主体清晰，分工明确，共同发展的一体化开发模式。科研院所提供优质种质资源，加工贸易公司负责链接科研院所和协作农户，通过参股、

入股、免费学习等合作模式，逐步构建以龙头企业为核心、深加工推动、多方资本共同参与的利益格局，一二三产业融合、一体化开发的发展格局基本形成。

4. 水稻产业多元化投入渠道完善

产业发展需要资本的投入，目前天津水稻产业发展的多元化资本投入路径已经初步形成。一方面地方政府作为产业推动主体，在补贴、税收优惠、研发和产业发展支持基金等方面加强投入，效果明显；另一方面加工企业和商贸企业在水稻生产、渠道开拓、一二三产业融合投入等方面起到主体作用，农户以自有土地和自有资金投入也起到重要的补充作用，多渠道、多部门投入确保小站稻产业向着稳健良性渠道发展。

（二）天津水稻产业融合发展存在的问题

1. 水稻种源混乱，产业化种植不完善

虽然天津重视种源的研发和推广，但由于水稻种源多样化，市场开放，信息发达，政府很难管控，农户很难作出科学专业的判断，导致天津市水稻产业出现种源混乱的现象，总体来说水稻种植缺乏产业化管理。天津水稻种植种源混乱，导致了后期种植技术推广、病虫害防治以及新技术推广、营销等方面都出现实际的困难，无法实现稻米产业标准化、产业化、规模化的发展要求。同时天津稻米行业普遍面临生产规模小、组织化程度低以及稻米品质不高的现象，这与天津地区以家庭为主体的分散经营制度有关，也与该地区土地资源和水资源分布状况有关。

2. 人才和劳动力素质约束显著

天津农业面临农村空心化、农业人口老龄化问题，劳动力不足以及劳动力素质下降，造成了优秀水稻管理技术以及种植技术推广困难，很多地方水稻种植以粗放的小农经营为主，出现了间距过大、栽培密度不均衡等问题。尤其是水肥管理不到位，缺乏规范化的规程和步骤，造成了单产下降。

3. 水资源约束及农业机械化推广问题多

天津是一个典型的缺水城市，工业用水量巨大，城市人口用水量逐年增加，同时天津地域狭小，地下和地表水资源不足以及近年工业发展所造成的水体污染等问题成为困扰天津水稻产业发展的重要外部约束，为此传统的水稻发展模式已经远远不能适应当前天津水稻产业发展的要求，要提高效益就必须进行产品创新和产业创新。

4. 加工存储运输环节附加值低

农产品加工业是拉长农业产业链最有效的途径之一，经过工业再生产可以有效提升产品的附加值。当前天津稻米加工生产规模小、品种少、附加值低，

仅仅依靠稻米粗加工很难获得很高的利润。

5. 品牌扶植力度不够大

品牌代表了一个产品的质量、信誉和竞争力，虽然目前天津市主力打造小站稻品牌，但其作为区域品牌的优势并未完全显现出来。

四、天津水稻产业融合的"三方向六类型"模式

天津水稻一二三产业融合方式很多，如种养结合型、链条延伸型、功能拓展型、技术渗透型、多元复合型等。一二三产业融合如果以第一产业为主，则侧重于规模增值、品质增值，走种养结合型发展之路；如果以第二产业为主，则侧重丁服务增值、走产业链条延伸和技术渗透之路；如果以第三产业为主，则侧重于品牌增值、服务增值，走功能拓展和多元复合之路。不同核心产业发展模式有不同的发展道路，形成不同的产业生态，最终目的是形成本产业的核心能力。

（一）以第一产业为主导的第二、三产业融合发展模式（一二三模式）

如图 9-3 所示，以水稻产业为核心带动第二、三产业发展，主要是实现"特色水稻品种—稻米加工—水稻服务体验"，以稻田旅游观光、休闲及度假为切入点，再到网络营销、水稻物流仓储、稻米终端配送的全产业链发展模式，其中"区域水稻品牌特色＋稻米加工"是这种发展模式的核心内容。

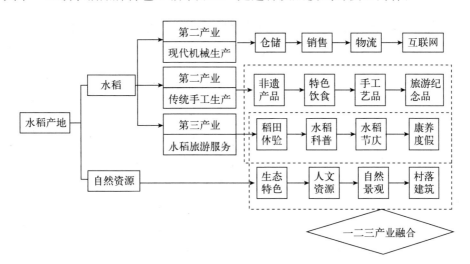

图 9-3　第一产业为主导，第二、三产业融合发展模式

（二）以第二产业加工业为主导的第一、三产业融合发展模式（二三一模式）

以水稻加工业为核心，不断更新加工工艺，以新鲜健康作为切入点打造以加工业为核心的水稻产业链。同时加强对稻糠、稻壳、秸秆等主要副产品的深度开发和利用，逐步打造以稻米为核心、以副产品为补充的多元化产品体系，并引入文化服务功能，将水稻产业文化通过加工业向农户和消费者传导，实现以第二产业为主导的第一、三产业融合发展模式（图9-4）。

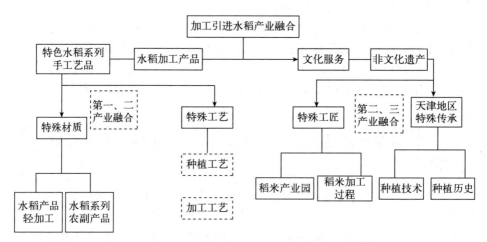

图9-4　第二产业为主导，第一、三产业融合发展模式

（三）以第三产业为主导的融合发展模式（三二一模式）

1. 依靠旅游引导的消费聚集模式

我国是一个农业大国，稻田面积广。通过产业模式创新，在稻田里发展植养的结合模式即在稻田里养鱼、养虾等，可以"一田双收"，达到双赢的效果。这种植养模式丰富了农民的钱袋子，也丰富了菜篮子。"一水两用，一田双收"，既让农民双赢，又确保了大家舌尖上的安全。当前在天津比较流行的是以下生态农业模式。①"稻虾（或蟹）共生"模式。其特点是：早放精养，种养结合，稻虾双赢，该模式"用地不占地、用水不占水、一地两用、一水两养、一季三收"。②"稻虾连作"模式。11月初水稻收割后，稻草还田，灌水投放虾苗，第二年水稻插秧前捕捞销售，实现土地资源不间断利用，同时保持土壤肥力。③"蟹、虾、鱼池种稻"模式。通过增加池边青坎面积和池中台地面积，种植水稻，在池中饲养适宜浅水的虾蟹和鱼，水稻栽培不施肥，不烤田，不用农药，亩产优质稻谷200~300千克；水产品也能带来收益，进而提

高综合效益。④"稻鳅共生"模式。在稻田养殖泥鳅,水稻病虫害明显减少,水稻亩均可增收 110~160 元。亩均生产商品泥鳅 100 千克,大大提升了综合利润。

利用以上种植模式,打造"味稻水乡"生态农业综合体等优质休闲旅游资源,以及发挥靠近城市核心区的便利区位优势,利用小站稻文化资源发展乡村旅游,探索"旅游+田园综合体""农业+生态"等新业态。这种方式整合农业投入和农业旅游资源,实现跨境要素流动和整体资源配置,最有可能激发和创造新技术、新形式、新商业模式,形成合并增值或溢价效应(图 9-5)。

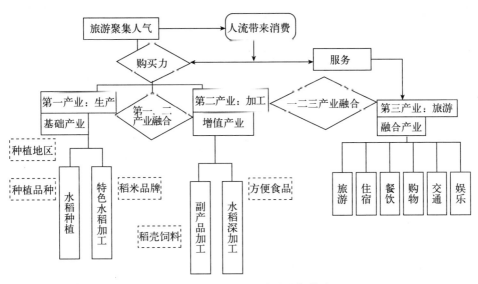

图 9-5 旅游引导的消费聚集模式

2. 以科技手段带动的农户新产品开发模式

如图 9-6 所示,水稻的科技提升环节包括从水稻种植、稻米收割的机械化作业到水稻品种研发、稻米的再加工等水稻产业链中的所有科技环节。以科技手段带动水稻产业的产前、产中、产后,不仅能够为研发新品种节省时间、财力和人力,还可以提高水稻种植的科技含量、促进标准化生产,从而提高水稻产业的劳动生产率。

3. 以文化创意为核心的消费、人才聚集模式

以文化创意为核心,通过文创水稻产品的生产以及文创功能模式的引入,构建以水稻产业(文化产业)为核心资源,带动第一产业和第二产业融合发展的模式(图 9-7)。

(1)"稻田+艺术"模式。稻田画、稻田书法在日本比较流行,近年来在我国也开始逐步推广,2022 年天津在宁河区和津南区推出了以稻田画为主题

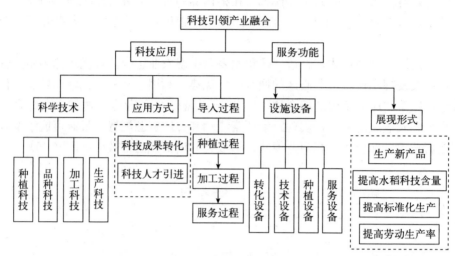

图 9-6 以科技手段带动的新产品开发模式

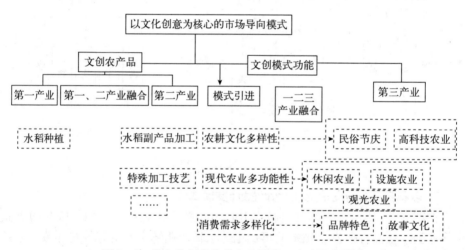

图 9-7 以文化创意为核心的消费、人才聚集模式

的稻田公园，稻田小火车等娱乐项目也开始逐步完善，通过举办"稻田艺术节"吸引游客观赏稻田图画，进而带动水稻产业和其他农产品的销售。"稻田＋艺术"的模式除了具有较高的欣赏价值外，也会成为类似咖啡、花艺、陶艺等娱乐课程的一种文化流行现象，通过引导顾客参与体验，可以增加顾客的体验价值，实现产品溢价。

（2）"稻田＋体验"模式。 天津市的数千亩稻田中可以设置农耕体验，如插秧、施肥、除草、收割等活动，可以使游客更加深入地体验和了解乡村的农耕生活。近年来，由于新冠疫情等突发性公共卫生事件的影响，大大降低了市区人民远距离出行的可能性，加上天津近郊农业的政策导向，"稻田＋体验"模式不仅利于游客锻炼身体、陶冶情操、愉悦身心，还可以提高天津水稻产品的知名度，更方便地进行小站稻品牌的历史传承。

(3)"稻田＋研学"模式。 根据 2020 年《关于全面加强新时代大中小学劳动教育的意见》，借助劳动教育纳入中小学培养全过程的时机，紧密结合学生生活实际，将小站稻作为天津本地的特色知名农产品，小站稻种植技术、生产过程、生产管理等作为劳动教育课程体系一部分，在同学们学习水稻种植、管理、收割、储藏等相关知识的同时，对中国的传统农耕文化和耕作习俗有深刻了解，既实现教育的目的，又实现增加品牌效益和增收的目的。

4. 以电商物流为引领的服务带动模式

如图 9-8 所示，以电商物流为引领的服务带动模式主要以物流配送为核心，形成规模化生产、销售、服务网络体系，构建完善的产业链体系，构建第三产业（服务业）带动第一产业和第二产业融合发展模式。水稻种植业、加工业和稻米的终端销售是电商物流主要的研究方向。同时通过云计算和互联网等来精准计算出稻米的消费人群，从而指定专属的营销策略。电子商务示范园、水稻龙头企业和农产品批发市场是进行水稻初级产品销售的主要地点，通过"政府＋企业""龙头企业＋农户""特色稻米＋网络营销"以及电商助力脱贫的模式，更好地进行第一、三产业的融合，构建起水稻产业的综合信息服务平台、稻米产销一体化平台、商务智能平台，大力发展订单农业。

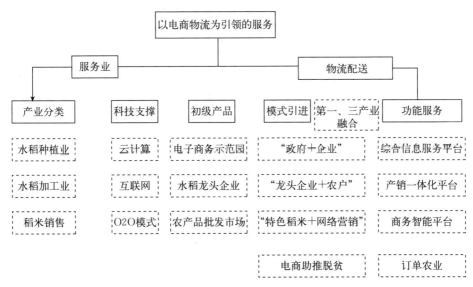

图 9-8　以电商物流为引领的服务带动模式

五、天津水稻产业融合发展的路径与措施

（一）天津产业融合发展机制

产业融合首先是跨界、跨产业的融合，是不同行业资源要素在市场经济机制作用下的产业功能的重新划分与定位，一般经历四个阶段的演化过程，如图 9-9 所示。首先是产业融合创新模式的出现，就天津来说，目前已经具备了"接二连三""互联网＋科技农业""文化创意＋农业"三大类产业融合模式。互联网和农业科技是将数据、平台和科技创新作为产业融合的驱动力，创意和农业是将知识和创意作为产品载体，通过市场需求驱动实现三次产业融合，加上宏观政策这种重要的外部驱动力，共同推动一二三产业融合，从而形成以乡村旅游引导需求、以科技带动产品创新、以文化创意聚集资源的产业融合路径，进而实现农业价值链的延伸、利益的共享、数据的分配和人才的聚集创新。

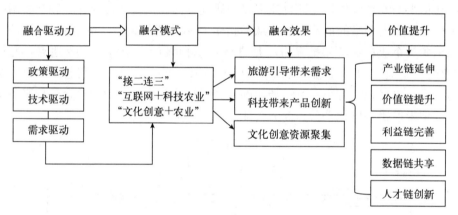

图 9-9 基于六次产业理论的产业融合机制

（二）天津产业融合发展路径

1. 旅游引导的消费聚集模式

以小站稻作为核心特色产业，重点发展绿色有机农产品，将果蔬、肉蛋奶等关系百姓日常生活的基本消费品作为切入点，通过农业产业融合休闲、生态、文化等多种形式，形成一种由农业和农产品牵引进行融合的新路径，其主要业态包括租赁园地、众筹消费、物联网种植、农耕文化体验等。培育包括家庭农场、农民合作社、农村集体经济组织、农业公司在内的新兴经营主体，通过第一、二产业融合对农产品进行深加工，形成具有本地特色的产品，同时带

动集餐饮、住宿、购物、娱乐于一体的一二三产业融合发展模式。利用旅游聚集人气，通过打造景观吸引人气，通过流量带来消费，形成购买力和服务支撑，实现一二三产业融合。

2. 以创新科技带动新产品开发模式

积极引进种植科技、品种科技、加工科技以及生产科技等先进科技，通过科技成果转化与示范，一方面可以吸引科技人才，另一方面可以吸引社会资本投入种植过程、加工过程和服务过程，逐步完善农业生产的技术设备、种植设备和服务设施，不断推出创新产品，提升产品科技含量，进而提升产品附加值。依托先进的农业科技可以实现引领产业发展，带动一二三产业融合的发展模式。

3. 以文化创意为核心的要素聚集模式

充分利用农耕文化的多样性、现代农业的多功能性、消费需求的多样性，充分挖掘天津村漕运文化、海盐文化、妈祖文化及曲艺文化，充分挖掘农村特色手工艺及特色农产品文化，以民俗节庆及高科技农业作为切入点，以租赁园地、众筹消费、物联网种植、农耕文化体验等模式大力开展休闲农业、设施农业和观光农业。挖掘本地特色品牌，通过历史故事文化，以文化创意为核心，将农产品的生产、品牌演化以及功能进行品牌化挖掘，构建文化创意，带动第一、二产业融合发展。

（三）基于产业融合理论的天津水稻产业提升建议和对策

1. 加快调整产业结构，延伸农业产业链

天津城市近郊农村最近几年城镇化建设与农村产业融合联动发展，除了发挥产业园区的辐射带动作用外，创建特色小镇、调整农业产业结构也成为镇工作的重点，未来在农业产业结构调整方面应该以小站稻为核心，采取立体种养相结合的方式，以发展绿色循环农业为导向，优化绿色种养结构，以高效益、新品种、新技术、新模式作为现代农业发展的主要方向，将新农业资源与休闲旅游等资源结合，延伸农业产业链，深度挖掘农业综合效益。同时加强农产品深加工，注意品牌建设与电商平台建设，搭建物流配送系统，依托津南现有的优势市场渠道，带动农业生产向加工、流通、商贸一体化方向发展，推动一二三产业融合发展。

2. 拓展农业多种功能，大力发展农业新业态

天津积极推动小站稻与旅游、教育、文化等的深入融合，发展多功能农业，将农业从生产向生态、生活功能拓展，积极探索多种形式的产业，发展如休闲农业、乡村旅游、创意农业、农耕体验以及乡村手工艺等农业体验项目，寓教于乐，将乡土文化与教育、旅游相结合，让多功能农业成为富裕农民的新

兴支柱产业。同时大力发展农村创新型新业态，发展以体验农业、养生养老为核心的康养娱乐型农业，发展优质林果、设施蔬菜、草食畜牧、中药材种植等特色业态，发展农村电商、农产品定制等"互联网＋"新业态，积极推动一二三产业融合创新发展。

3. 培育新兴主体，加快引导产业聚集发展

天津积极培育多种农业经营主体，积极构建包括家庭农场、专业合作社、行业协会、龙头企业、农村社会化服务组织等多种新型主体，通过组织创新，吸引社会资本投入农业发展中，大力发展种植基地建设—农产品加工制作—仓储智能管理—市场营销体系的全产业链发展模式，配套相应的科研、培训、信息平台，形成生产、加工、流通一体化的融合形式，实现一二三产业融合发展。

4. 加快构建产业融合综合服务体系

首先，依托津南区现有的公共服务平台，大力开展农村电子商务、旅游定制、农产品信息网等服务，积极创建农村创新创业平台，积极引进新型的创业模式，鼓励科研机构、行业协会、龙头企业积极参与农村创新创业。

其次，创新农业金融服务。多渠道为农户和农村创业者提供融资渠道，对以粮食经营作为主体的农户采用普惠金融和产业链金融模式，积极解决其农业发展所需的资金问题；通过农信贷、保险合作等方式为农村创业提供金融服务，多方面拓展资金渠道来源，推动农业金融服务系统化、体制化。

最后，强化人才和科技支撑，改善农业农村基础设施条件。强化职业农民教育与培训，积极引进先进农业科技，推动农业科研院所在本地进行育种等科技创新工作。同时加强农业基础设施建设，改善农村生态环境，配套相关基础设施，促进农村宜居环境建设。

5. 科技助力水稻产业融合发展

天津在乡村振兴战略指引下，水稻产业发展坚持质量兴农、绿色兴农、品牌兴农战略，注重以环境保障绿色发展，以品质带动绿色农业，以品牌展现产业竞争力。同时注重构建稻米生产体系、产业体系、经营体系。以稻米种养为切入点，将稻米生产延伸到加工、仓储、物流、销售等环节，延长产业链，形成产业体系。同时提升科技要素在稻米产业中的地位，增强创新的动力。从人工劳动到机械化，再到机械智能化，发展智慧农业，通过提高创新力和竞争力，提高劳动生产率、土地产出率、资源利用率，实现人、地及其他资源的充分利用。在京津冀一体化背景下，可以通过农业信息化平台以及农业高技术示范园进行技术示范与信息传播，逐步做到统一种源、统一管理。同时利用科技帮扶以及农业改革试验区的带动和示范作用，通过参观培训和入村帮扶普及重点区域水稻种植技术。

6. 强化品牌战略发展，开发产业多种功能

品牌代表了一个产品的质量、信誉和竞争力，目前天津稻米产业已经形成了以小站稻为代表的区域品牌。随着我国品牌战略的实施，小站稻品牌复兴战略正在实施，一方面可以借鉴泰国香米的品牌推广经验，利用品牌优势占领高端市场，另一方面通过多种渠道，提高品牌知名度，依靠品牌拉动稻米产业的健康发展也成为天津品牌战略的重要组成部分。加快实施"品种＋产地＋加工企业＋商标"四位一体品牌战略，以小站稻、黄庄洼大米、宝坻大米、宁河大米品牌作为主要推广品牌，以小站稻作为主品牌，通过主副品牌的策略实施，打造天津稻米品牌推广机制，突出天津水稻的文化底蕴，利用天津特色水稻经济推动品牌营销，提升天津稻米产业附加值。

7. 解决稻米的加工存贮运输问题

当前天津稻米加工生产规模小，品种少，附加值低，仅仅依靠稻米粗加工很难获得很高的利润。当前天津流行的石磨碾米技术一方面可以有效保留水稻中的营养成分，另一方面可以提升水稻产品的食用品质，是水稻加工技术的革新，也是增加水稻附加值、引领消费的一个重要方法。同时要注重加强稻米存贮和运输中的技术创新，通过大数据分析，构建智慧稻米存储仓库，通过存储和运输调节稻米生产的供求关系，稳定大米市场价格。增强稻米运输能力，利用天津优越的地理位置，提升运输过程中的效率，降低运输成本，逐步改善天津地区稻米转运、存储能力较弱，成本较高的现状，通过大力发展稻米运输和存储业务，推动稻米电商产业快速发展。

第十章 天津水稻产业品牌创新

随着消费水平的提升，消费者的需求已经从价格和数量需求转变为对产品的品质安全需求，这恰恰促进了产业结构的不断转型升级。天津也开始大力发展安全品质农业品牌，构建区域特色农产品品牌。天津水稻中的小站稻最具有代表性，借助互联网的发展，销售到全国各地。

一、小站稻品牌发展总体状况

（一）小站稻种源现状

天津小站稻种源借助天津原种场、天津农科院、天津农学院和天津天隆科技股份有限公司四家种子研发机构，极大地推动了小站稻种源良种化，11家企业由2017年"以津原E28为主，种源多样化"的15个品种，发展到2020年注重"食味、品质"，以津原U99、金稻919、天隆优619、津川1号优质种源为主，以津原E28、津原89为辅的种源多样化，优质种源集中度明显提高。其中津原U99是以津原E28和津原香98为母本培育出的新品种，种源品质升级换代。并且值得关注的是，由天津市农作物研究所选育的小站稻新品种"金稻919"，在"第七次全国优质食味粳稻品评"中荣获一等奖，并且已审定通过，多家企业已经投入使用（表10-1）。

表10-1 2020年11家小站稻证明商标授权企业种源比较

序号	企业名称	2020年种源
1	黄庄稻香米业	津原E28、津育粳18、津原89、金稻919、津原香98、天隆优619
2	潮白谷物有限公司	津原E28
3	黄庄洼米业有限公司	津原E28、津育粳18、津原89、津川1号
4	丰盈米业有限公司	天隆优619、金稻919
5	芦台海北津站米业有限公司	津原E28、津原E18（香稻）、津原18（普稻）（津育粳18）

(续)

序号	企业名称	2020 年种源
6	金芦米业	津原 E28、华裕、津川 1 号
7	正弘食品有限公司	津原 E28、津育粳 18、天隆优 619
8	安平顺达粮食种植专业合作社	津原 E28、津原 89、金稻 919
9	优质小站稻开发公司	津原香 98、津原 U99、金稻 919、津原 89、天隆优 619
10	东达集团	津川 1 号
11	中化农业	金稻 919

资料来源：调研所得。

（二）小站稻品牌形象现状

"小站稻"商标已于 2000 年通过注册，注册证号为 1299949，它是全国第一个获准注册的米类证明商标（表 10-2）。"小站稻"商标的注册成功，使天津市津南区生产的享誉海内外的历史名产得到法律保护，对小站稻这一历史品牌的管理和维护起到了积极作用。在天津本地，居民对小站稻品牌是熟知的，基本上天津本地居民都知道小站稻来源于天津小站镇，但天津以外的广大区域，对于小站稻的熟悉程度则比较低。

表 10-2 小站稻商标注册情况

商标名称	注册号	申请人名称	申请日期
小站稻	1299949	天津市津南区农业技术推广服务中心	1995 年 6 月 12 日

资料来源：调研所得。

（三）小站稻品牌管理现状

小站稻作为地域品牌一直由天津市津南区进行管理，目前"小站稻"商标持有人为天津市津南区农业技术推广服务中心。该机构作为天津小站稻授权管理单位，该单位采用付费授权模式，授权了天津 12 家单位（表 10-3）可以使用小站稻区域商标，并制定了《小站稻证明商标管理规则》，要求 12 家授权单位予以遵守。在实际管理过程中，出现过单纯授权、管理跟不上的情况，对于小站稻种质资源、品质标准等缺乏准确的说明。在小站稻振兴计划实施以后，情况有所改善，在天津市农委主持下，小站稻解决了品牌授权以后种质资源认定以及产品品质标准使用的相关问题。但由于历史原因，在天津境内的稻米企业还是以小站稻作为本地稻米的名称。

表 10-3　已被授权使用小站稻商标的企业

序号	企业名称
1	黄庄稻香米业
2	潮白谷物有限公司
3	黄庄洼米业有限公司
4	丰盈米业有限公司
5	芦台海北津站米业有限公司
6	金芦米业
7	正弘食品有限公司
8	安平顺达粮食种植专业合作社
9	优质小站稻开发公司
10	益海嘉里
11	东达集团
12	中化农业

资料来源：调研所得。

二、小站稻品牌的品质维护现状

（一）证明商标品质管理

天津市津南区农业技术推广服务中心制定了《小站稻证明商标管理规则》，对稻谷的产地、质量标准和稻米的加工标准进行了规定。

（二）行业标准品质管理

2007—2018 年天津小站稻提出了《天津小站稻米质量标准（NY/T 1268—2007)》，这一标准是通用性标准，要求并不是很高。为了进一步明确小站稻产品特征，打造小站稻品牌，2019 年天津市农业农村委员会发布了《天津小站稻品种》《天津小站稻收获、烘干、储藏、加工技术》《天津小站稻基质育秧技术》《天津小站稻栽培技术》《天津小站稻精白米》《天津小站稻食味品质评价》六项小站稻地方标准，强化对小站稻种植特征和品质特征的保护。

（三）天津小站稻品牌的传播推广现状

新闻、报纸、电视等传统媒体发展时间长、影响大、普及率高，因而在品牌的传播中具有重要的位置。如津南区 2020 年举办了"小站稻品牌推介会"。

2021 年 11 月举办了"小站稻香飘进社区"活动。近年来加大了小站稻品牌传播与推广力度，天津政府相关部门通过展会、论坛等一系列活动，提高小站稻的品牌曝光度（表 10-4）。

表 10-4　小站稻活动推广

活动	时间	举办方	地点
小站稻推介活动	每年		天津西青区王稳庄
小站稻振兴峰会	2019 年	天津市农业农村委	天津梅江会展中心
第十七届中国国际农产品交易会	2019 年 11 月	农业农村部	南昌
农民丰收节第二届稻米节	2020 年 9 月		天津津南小站镇
第三届稻米节	2021 年 9 月		佳沃葛沽现代农业产业示范园

三、小站稻品牌发展现状分析

（一）小站稻品牌价值现状分析

根据 2020 年中国农产品市场协会组织中国农业大学等单位进行的区域公用品牌的品牌价值评估和影响力评价结果来看，如表 10-5 所示，天津小站稻品牌的品牌价值和影响力较低，品牌价值评估和影响力评价指数分别为 24.73 亿元和 62.658，在全国 9 个大米品牌中分别排在第 9 名和第 7 名。从品牌价值来看，天津小站稻品牌价值与排在前 7 名大米品牌价值差距较大。五常大米、辽宁省盘锦大米、内蒙古自治区兴安盟大米、吉林省榆树大米和九台贡米、湖南省的常德香米的品牌价值分别为 897.26 亿元、529 亿元、180.26 亿元、167.92 亿元、111.19 亿元、131.48 亿元。从品牌影响力指数来看，与排在前 5 名的大米品牌影响力差距较大，五常大米、内蒙古自治区兴安盟大米、辽宁省盘锦大米、吉林省九台贡米和榆树大米品牌影响力指数分别为 91.014、78.76、76.697、74.793 和 67.867。这说明天津小站稻品牌资源禀赋、产业规模、品牌价值、市场号召力等要素还有待挖掘与提高。

表 10-5　2020 年我国大米品牌价值评估与影响力

省份	申报品牌	评估结果（亿元）	影响力指数
天津市	小站稻	24.73	62.658
内蒙古自治区	兴安盟大米	180.26	78.76
辽宁省	盘锦大米	529	76.697
吉林省	榆树大米	167.92	67.867

（续）

省份	申报品牌	评估结果（亿元）	影响力指数
吉林省	九台贡米	111.19	74.793
黑龙江省	五常大米	897.26	91.014
上海市	崇明大米	24.8	62.355
江西省	万年贡米	73.5	65.81
湖南省	常德香米	131.48	60.906

数据来源：中国农业农村市场信息。

（二）小站稻品牌规模化发展分析

1. 规模化现状分析

2020 年天津小站稻证明商标共授权 12 家企业使用，12 家天津小站稻品牌被授权企业的水稻播种面积为 35.35 万亩（包括自有基地和收购水稻面积），同比增长了 36.13%，约占天津水稻播种面积的 42.47%。被授权使用证明商标的子品牌建设主体规模化生产突出，12 家企业中种植面积超过 10 000 亩的企业有 10 家，超过 20 000 亩的企业有 5 家。其中播种面积增长较大的经营主体为安平顺达粮食种植专业合作社，由 2017 年的 7 000 亩增加到 2019 年的 12 000 亩；在宝坻区政府和黄庄镇政府的推动和整合下，天津黄庄稻香米业自有基地由 2017 年的 5 500 亩增加到 2020 年的 21 000 亩。天津小站稻规模化生产已形成，为小站稻品牌价值提升奠定了良好基础。

2. 基地化现状分析

如表 10-6 所示，2020 年 12 家天津小站稻商标被授权企业中，11 家有标准化生产基地，生产规模逐年扩大，生产经营模式以"企业基地＋农户收购"为主，自有基地、订单农业、"自有基地＋农户"等多种经营模式保障了小站稻的品质，同时由企业进行品牌和营销推广，也在一定程度上增大了小站稻的影响力。

表 10-6　小站稻企业经营模式

经营模式	采用此方式的企业	方式	优点
"企业基地＋农户收购"	黄庄稻香米业、潮白谷物有限公司、黄庄洼米业有限公司、芦台海北津站米业有限公司、金芦米业、丰盈米业有限公司、正弘食品有限公司	企业标准基地生产经营为基础，与农户签订订单，对农户生产出的稻米实行收购方式	保证了农户小站稻的销路，解决了农户销售难的问题，同时也对小站稻标准化生产起到了很好的促进作用

（续）

经营模式	采用此方式的企业	方式	优点
收购	益海嘉里	以大米地理标志产品为切入点，在成功打造金龙鱼盘锦大米、金龙鱼五常稻花香品牌的基础上，天津收购小站稻稻谷进行加工贴牌	资金实力和丰富的产品品牌推广经验及营销能力，打造金龙鱼小站稻香米品牌
"合作社＋农机服务"	安平顺达粮食种植专业合作社	标准化生产基地，实行水肥一体化等统一管理，同时为合作社社员提供农机服务	保证小站稻的生产、加工和流通过程等全产业链标准化
"公司＋基地订单"	优质小站稻开发公司		既实现了小站稻品牌生产的标准化，又加快推进了小农户与现代农业的有效对接

资料来源：调研所得。

（三）小站稻品牌产业化现状分析

1. 天津小站稻经营主体综合能力强

市级及以上龙头企业和合作社占比高，如表 10-7 所示，2020 年世界 500 强企业 2 家，国家级龙头企业和合作社各 1 家，市级龙头企业为 4 家，共占总经营主体的 66.67%，高出 2018 年 21.22 个百分点（2018 年 11 个经营主体中，有 5 个市级及以上龙头企业和合作社）。

表 10-7　12 家经营主体性质和加工能力

企业名称	企业性质	在津年加工能力（万吨）	企业名称	企业性质	在津年加工能力（万吨）
黄庄稻香米业	一般企业	3	正弘食品有限公司	一般企业	1.8
潮白谷物有限公司	一般企业	6	安平顺达粮食种植专业合作社	国家级合作社	0.5
黄庄洼米业有限公司	市级龙头企业	5	优质小站稻开发公司	市级龙头企业	2
丰盈米业有限公司	市级龙头企业	10	金芦米业	市级龙头企业	10.8
芦台海北津站米业（原芦台农场）	一般企业	2	益海嘉里	世界 500 强企业	10
中化农业	世界 500 强企业		东达集团	国家级龙头企业	

资料来源：课题组调研。

2. 加工能力强

12 家经营主体年加工能力达到 51.5 万吨，是 2019 年天津稻谷产量的 1.08 倍，约是天津小站稻品牌稻谷产量的 2.13 倍，明显高于 2018 年加工能力，2018 年加工能力为 41.1 万吨。

3. "公司＋农户、合作社＋农户"的经营模式

除益海嘉里、中化农业和东达集团 3 家企业外，其余 9 家经营主体均为"公司＋农户、合作社＋农户"的经营模式，说明不论从经营主体的带动能力还是经营模式来看，天津小站稻品牌种植、加工、贸易工农一体化的产业链条较完善，产业化水平较高。

（四）小站稻品牌建设模式分析

品牌建设模式根据不同的标准划分为不同类型，通过调研可知，天津小站稻为双品牌建设模式，即既有小站稻区域公用品牌的证明商标，又有企业生产标记，如企业的商标标识、小站稻的生产地域等内容。双品牌建设模式有效避免区域公用品牌产权缺失的潜在风险。小站稻品牌建设模式具体有母子品牌建设模式和子母品牌建设模式。

1. 母子品牌建设模式

母子品牌建设模式主要特点是重点突出母品牌形象的产业带动作用，子品牌（企业自有品牌）起到将品牌品质定位至具体生产者的作用。该种建设模式子品牌（企业自有品牌）借助母品牌（区域公益品牌）的核心价值，实现子品牌的溢价功能，从价格上来讲，子品牌（企业自有品牌）的商品价格应低于母品牌的价格，通过调研可知，天津小站稻证明商标授权的 12 家企业中，母品牌高于等于子品牌价格的企业有 6 家，分别为黄庄稻香米业、潮白谷物有限公司、芦台海北津站米业有限公司、正弘食品有限公司、丰盈米业和安平顺达粮食种植专业合作社。以上 6 家企业为母子品牌建设模式的目的如下：

第一，依托母品牌扩大外埠市场的销售，如黄庄稻香米业郑州、石家庄、太原、成都、西安的市场 60% 大米以天津小站稻的母子品牌出售，但母品牌与子品牌大米的价格差异较小。

第二，依托母品牌扩大电商销售，溢价能力强，但销量小。如 2018 年以来，潮白谷物有限公司实现大米的网上销售溢价 30%，但销量仅占潮白米业大米总销售量的 3% 左右。

第三，依托母品牌扩大本市和外埠销售，以收购商收购方式为主。如芦台农场，自公司成立以来，一直以天津小站稻母子品牌销售，以收购商收购方式为主，无溢价。

2. 品牌建设纵向发展

"线上＋线下"营销双管齐下，以提高市场份额，品牌经济价值的一部分可以体现在销售渠道拓展中并不断提升。天津津南小站稻种植系统被农业农村部认定为第五批中国重要农业文化遗产，小站稻也获得国家农产品地理标志登记证书，充分利用小站稻获得的这些资源，挖掘小站稻的文化内涵，开展以稻米为主体的文旅项目开发与运营，提升小站稻的影响力和品牌社会价值。

四、小站稻品牌管理与保护

1999年7月28日国家工商局正式核准了天津市津南区农业技术推广服务中心为"小站稻"地理标志证明商标的法定持有者。天津市津南区农业技术推广服务中心和其上级部门天津市津南区农委共同管理与保护，两个部门具有监督管理与服务职能，对品牌发展负有相应的责任，其管理责任主要包括：

（1）品质管理。每年对授权使用小站稻证明商标的企业生产的稻米进行抽检一次，品质达到国家规定大米等级的第三级，大米食味达到85以上。若企业大米质量不达标，天津市津南区农业技术推广服务中心有权取缔该企业证明商标使用权。

（2）技术咨询与服务。其是指对小站稻种质资源推广、土壤改良、病虫害防治等相关小站稻种植、田间管理等方面的技术咨询和服务。

（3）利用法律手段保护小站稻品牌。主要出台的政策有《质检总局关于受理"宁河大米"产品申报地理标志产品保护的公告》，津南区农委发布《关于小站稻申请农产品地理标志登记的受理公示》。大津市津南区农委委托北京一家律师事务所进行天津小站稻品牌打假，实现品牌保护，由于监管范围小、人数有限等，打假效果不明显。

五、小站稻品牌管理存在的问题

（一）品牌组织管理松散

津南区农业技术推广中心作为小站稻主要管理部门，存在人员少、经费不足等基本情况，其组织规模不足以完成对全天津市小站稻生产的监督与管理，因此小站稻品牌在天津地区使用较为普遍，存在良币驱赶劣币的现象。

（二）品牌维护意识淡薄

区域品牌具有公共属性，一般有主管部门进行维护和推广，目前小站稻在天津市民心中缺乏一个基本特征的认识，因此品牌印象模糊；企业本身都在使用小站稻品牌进行宣传，对于公共品牌的宣传和维护缺乏积极性和主动性。2019年天津"小站稻振兴峰会"，对天津本地的"津原U99""津稻618""天隆优619""津川1号"四种优质种源进行了推介，作为小站稻的主力品种，但未与商标授权挂钩，农户依然按照自身生产习惯和认知进行稻米生产及加工，种源监管和推广工作明显力度不够。

（三）优质品种种植规模小

天津本地稻米种植按照渠道去向可以分为高端稻米和低端稻米，高端稻米主要按照小站稻品牌在超市和专卖店进行销售，低端稻米一般送到中储粮进行销售。在天津地区农户渠道开发能力不足，往往重视产量而忽视质量，因此高品质稻米种植面积偏小，有一半以上仍然种植高产的普通品种稻米，未来随着小站稻的品牌推广，高品质稻米种植面积会逐步增加。

（四）互联网化程度较低

1. 电子商务发展较弱，供给与需求信息不对称

目前小站稻的销售渠道以线下销售为主，多为传统的经销商、直购直销、商超直营、门店自营等销售方式，而以消费需求为导向的订单农业仅有2家，能有效解决信息不对称问题的网上销售方式的仅有5家，且电商销售占比较小，最高为优质小站稻开发公司，其网上销售占其总销售额的5%。

2. 机械化与物联网结合程度较低

目前天津小站稻综合机械化率在全国处于领先水平，而整个生产环节未与物联网（如内置谷物蛋白含量的传感器、测量亩产的传感器）紧密结合，生产精密化（智能化）程度低，与多元化、个性化的消费升级需求存在一定差距，使得消费者的品牌忠诚度不高，详见表10-8。

表10-8　12家企业销售方式与销售市场

企业名称	销售方式	销售市场	网销占比（%）
黄庄稻香米业	实体店、批发市场、代理商、电商	郑州、石家庄、太原、成都、西安	3
潮白谷物有限公司	直供直销、电商	西安、成都、北京	1
黄庄洼米业有限公司	商超、院校、餐饮（50%）、集团内直营店、电商	京津冀、新疆、成都、昆明、河南	1
丰盈米业有限公司	订单农业、直购直销、农超经销商、电商	内蒙古、兰州、山西、山东	2

（续）

企业名称	销售方式	销售市场	网销占比（%）
芦台海北津站米业有限公司	经销商	京津冀	
正弘食品有限公司	经销商、商超	华北地区	
安平顺达粮食种植专业合作社	门店直销	津南区及周边地区	
优质小站稻开发公司	经销商、直营店、订单、电商	京津冀	4～5
金芦米业	经销商、商超	华北地区、上海、杭州、昆明、成都、西安等20个城市	
益海嘉里	经销商、直营店	京津冀地区、晋、鲁西北	
东达集团	经销商	浙江、杭州	
中化农业	经销商		

数据来源：课题组调研。

（五）品牌溢价能力弱

2017 年天津小站稻品牌价格在 4.4～24 元/千克，除津南区正弘食品有限公司、安平顺达粮食种植专业合作社和优质小站稻开发公司三家经营主体销售价格在 12 元/千克以上，其余企业稻米价格均较低，平均价格在 6 元/千克左右。通过对五常大米的证明商标被授权企业和合作社的调研可知，五常大米的价格一般在 33.6 元/千克左右。通过对正弘食品有限公司的调研，其小站稻稻米出售价格最高 24 元/千克，但占其总销售量的比例极小。2019 年良种覆盖率提高，优质种源的小站稻品牌溢价能力明显提升，普遍从 2018 年的 10 元/千克左右提高到 2019 年的 12 元/千克，但由于市场影响力小，有一部分优质种源的天津小站稻品牌销售价格仍较低，甚至低于 2018 年一般稻米的价格。

六、小站稻品牌战略定位

根据行业、市场、价格、产品和消费群体的调查分析，天津小站稻品牌战略定位如下。

（一）市场定位

立足京津冀，辐射全国中高档市场，走"小、精、高"发展之路，逐步提升天津小站稻 B2C 市场份额。

1. 塑造健康、独特的区域品牌内涵与形象

以健康、独特作为小站稻品牌内涵，强化原产地独有的自然环境和悠久的种植历史，通过品牌故事塑造小站稻独特的品牌内涵；同时以无公害产品、绿色食品和有机产品以及小站稻地理标志作为小站稻"健康"的销售卖点，通过"三品一标"树立小站稻健康的产品形象，未来"三品一标"的推广以及地理标志的宣传是小站稻品牌崛起的必由之路。

2. 走精品发展的道路

天津水稻种植面积有限、产量有限，走小而精的发展道路是提高小站稻品牌溢价的需要，小而精的发展道路需要品牌开路、渠道开路，同时要面对来自东北大米的强有力的挑战，需要生产者、销售者和政府三方共同努力。

3. 树立绿色安全的品牌定位

天津本地品牌大米"宁河大米""黄庄大米"在本地消费者市场具有一定的"健康安全"认知，除了对本地品牌的认同感以外，强化潮白河生态湿地、七里海湿地等知名地标与小站稻生态种植和无污染的湿地环境相关联，强化绿色安全的品牌定位是产品立于不败之地的重要基础。

（二）价格定位

高档目标，中档起步，对标国内有影响力的知名大米品牌，使天津小站稻价格居于中上游。大米产品受多重因素影响，主要受到国家储备粮收购价格的影响，也受到供求关系、品牌知名度、竞品定价等影响，主要影响因素如下：①最低收购价。这是国家对于水稻产业的保护性定价，但这个定价对品牌的水稻定价起到了锚定价格的作用，对消费心理和市场竞争者产生重要的影响。②成本和产量。农资价格、人工成本对水稻价格产生重要的影响，此外每亩单产、出米率、含水率等都在一定程度影响产量，进而影响价格。③市场供求状况。稻米供求不仅受国内市场影响，还受到国外进口稻米价格的影响。国内市场受消费升级的影响，高端食味大米市场空间巨大。④竞争者定价。国内公认的五常大米和泰国香米价格普遍在 12 元/千克以上，其定价在一定程度上制约了小站稻定价的上限。

（三）产品定位

注重绿色食品、有机食品认证以及与国际互认的认证，以振兴天津小站稻为契机，推广普及优质种源，适当发展符合市场需求的功能性大米，提高产品溢价能力，向国内外市场提供"高档、优质、可溯源"的天津小站稻。首先要注重保障开发适合天津本地生产的新产品的品质。在产品特性上注重口味、健

康、价格、安全、产地、大米外观等，在品牌认知上注重价格、加工品质、口味、营养、安全、功能、用途、重量、包装等，大力开展以"蟹稻共养"为代表的立体种植技术，增加水稻产业额外产值。其次是结合历史与文化开发水稻礼盒，开发以稻田画和稻田体验为主题的旅游产品。一方面注重礼盒产品质量与礼盒外包装的设计；另一方面要通过小站稻这个载体，将天津的区域历史、水稻文化内涵体现出来，结合消费者购买心理和用途打造成具有本地特色的产品组合。再次是不断通过深加工产品提高附加值。结合天津本地特色小吃，对小站稻进行深加工，推出"天津糕干"、米糕、米粉、保鲜米饭、休闲食品、稻米油等具有天津本地特色的产品，延长小站稻的产品线。

（四）消费群体定位

天津品牌大米首选目标顾客群体应该月收入在1万～2万元，大米价格在3～12元，年龄在50～60岁的政府、机关干部、事业单位人员作为主要目标顾客群体，他们大多数经历了计划经济时代小站稻的辉煌，对小站稻品牌有较强的认同感，有较强烈的小站稻情怀，同时他们是本地优质品牌大米的消费主力军，这类人群重视健康的饮食观念而对大米口味的要求较高，对营销手段也不太敏感，喜欢根据自己的经验购买商品，一旦形成习惯就很难改变，在购买优质本地品牌大米时能够接受中等偏上的价格。此外，月收入在1万元以下的30～39岁中年消费群体，多为企业白领，他们是天津品牌大米的潜在消费者，这部分人群有着较为稳定的收入，有较强烈的健康饮食观念，文化素质较高，通过线上渠道购买优质大米的频率最高，因此这部分人群是天津品牌大米的线上营销迅速发展的关键所在，是本地品牌大米有待开发的潜在客户群体。

七、构建小站稻品牌创新形象

（一）创新品牌产品

人们的消费水平不断提升，对健康营养和绿色的有机食品需求上升到了前所未有的高度。小站稻有着优质大米品种优势和良好的生态环境优势，使得小站稻脱颖而出。运用好创新战略是占领市场的有利武器。通过构建小站稻视频平台，从育种、种植、销售全产业链进行品牌展示，将绿色健康的理念传递给消费者。

（二）创新品牌关系

积极构建品牌与消费者的互动关系，通过顾客口碑带动其他消费人群的购物需求。水稻最明显的特征就是依附于消费者，主要靠消费者支撑发展。因此可以着重关注消费者的食用体验，利用新媒介，提供小站稻品牌选择、位置引导等服务，极大提高消费者的信任度，进而优化对小站稻的印象，提高喜爱度。此外，企业还要重视"情结"和"情怀"的作用导向。依靠小站稻品牌本身所具有的特点，如历史悠久、文化底蕴深厚等，通过手机等媒介进行营销宣传，讲述品牌的起源故事，使广大消费者能产生乡土情结的深厚情感，并转换为消费动力。利用新媒介积极造势，营造出品牌独有的氛围感、年代感、故事感，深挖消费者的内心情怀，提高消费者对老字号品牌的忠诚度。

例如，聘请专业团队，挖掘小站稻自然资源和人文资源（包括历史、人文故事、证明商标、种源等），从天津小站稻全产业链的角度，打造小站稻漫画形象、漫画故事及小站稻故事片，注重小站稻营销过程的故事化、趣味化，利用短视频、网站、软文、微博、自媒体等方法，做好全网营销，培养年轻顾客群体，并将小站稻品牌推广至全国目标客户。此外，借助学生农事教育活动，让青少年深入了解体验小站稻生产过程，扩大影响力，培育年轻消费群体。

（三）创新品牌包装

在设计包装时，不采用豪华的包装，美观大方即可，结合废物的回收、可降解性，设计出一款符合大米的生态型包装。绿色、有机等认证标识，我们要把这些放在产品包装的醒目位置，有助于提升产品的品牌形象。结合不同的消费群体，大米可以分为几类包装，如精装、平装、无包装。无论哪种包装，都要突出生态化特点、产品绿色的特点。精装可以设计成礼盒，平装适用于自用，无包装就是将大米的包装简化，采用环保材料并以实用为主。

（四）创新品牌渠道

传统小站稻的销售通常是批发市场进行分配，网上订单少得可怜，销售渠道不健全。首先重点扶持5个左右企业入驻京东、淘宝等电商平台，打造小站稻官方旗舰店，扩大影响范围，保证消费者通过多媒体平台、展会等渠道看到小站稻宣传片后，能够更加方便快捷地购买到正宗小站稻。各电商平台小站稻产品应各有侧重，避免恶性竞争。

（五）明确定位创新

小站稻营销的终极战场不是在田间地头，也不是在市场，而是在消费者、用户的心中。市场上大米种类繁多，而能否占据消费者心中一席之地尤为关键。特别是在当前网络化、移动化萦绕在人们各式各样消费场景中，竞争火爆，消费呈现碎片化、场景化的趋势。打开市场就是要抢占消费者，寻找定位的过程就是概念创新的过程。

（六）宣传推介创新

一是在京津冀主要市场举办小站稻峰会或依托农贸会机遇扩大受众群体。二是在京津冀一体化战略下，将天津小站稻销售渠道向下延伸，在北京开设专卖店，让天津小站稻与高端市场无缝对接。三是采用"母子"品牌架构，将天津小站稻市级品牌与宝坻和宁河区县级大米品牌共同打造，以"集团军"方式作战，提升天津小站稻整体品牌知名度。四是以全域旅游为载体，发展旅游地小站稻品牌，扩大影响力与提高知名度。首先，在杨柳青古镇、五大道文化、航母主体公园、黄崖关长城等全域旅游景区、景点和民宿开设天津小站稻专区（柜、店），实现产供销一体化。其次，开设旅游地体验中心，让小站稻品牌与消费者互动，赢得消费者心智。让游客了解、体验、采购，切实把小站稻品牌做精、做强，从而打造小站稻品牌形象，让小站稻与旅游地深度融合，提高小站稻品牌的知名度，提高品牌价值。未来小站稻除了重视媒体宣传以外，还要与旅游、康养等多种经济形式深度融合，才能将小站稻产业做大做强。

第四篇　对　策　篇

第十一章　天津水稻产业扶持政策分析

一、水稻产业的相关政策

（一）农业补贴政策

1. 农业支持保护补贴

为贯彻落实国家农业"三项补贴"改革工作要求，天津市将"三补贴"政策合并为"农业支持保护补贴"政策，从 2016 年起，按照粮食作物实际种植面积，每亩补贴 95 元，并根据每年的国家政策进行调整。政策倾向于支持农业适度规模经营主体和新型农业经营主体，即谁种粮多，优先支持谁。该政策对提高农民的种植意愿和积极性，保障农户的种植收益起着积极作用。同时能够将土地流转到种粮大户手中，引导农业适度规模化发展和新型农业主体的发展。

2. 农机购置补贴

农业机械对于提高农业生产力和生产效率，促进农业现代化和规模化发展起着积极作用。天津市 2021—2023 年农机购置补贴实施方案中明确提出，优先支持小站稻生产、设施农业和农业绿色发展所需机具的补贴需要。补贴额为 100 马力以上大型农机设备不超过 15 万元，成套设施装备单套补贴不超过 60 万元。购机者享受年度补贴资金限额为个人 50 万元，农业生产经营组织 200 万元。该政策对于改善农业生产装备结构、提高农业机械化水平、增强农业综合生产力发挥着重要作用，同时能够解放农业劳动力，使生产可能性边界向外扩展和促进规模化经营。

3. 天津市农作物品种研发与推广后补助

农作物的品种关系到种粮结构的变化和产量的增长，良种的推广是改善粮食生产质量、提高产量和调整种植结构的重要手段。天津市针对农作物品种的研发与推广提出了天津市农作物品种研发与推广后补助，主要面向农作物品种的研发单位，时间为 22～25 年。根据品种近 5 年累计推广面积，确定三档标准：第一档，推广面积达到 400 万亩及以上，补助资金 200 万元；第二档，推广面积达到 200 万亩及以上，补助资金 100 万元；第三档，水稻推广面积达到 100 万亩及以上，补助资金 50 万元。上述政策有利于提高作物品种研发单位的良种推广积极性，对于提高良种覆盖率、改善水稻生产的质量发挥着不可替代的作用。同时，该项政策也能够实现农作物种植结构的调整，推进农业标准化、区域化发展。

4. 农业生产托管服务项目

为实现党的十九大提出的小农户和现代农业发展有机衔接，实现农业的高效发展，天津利用农业生产托管体系，实现小农户与现代农业有效衔接，提高农户种粮的积极性。服务对象主要面向 500 亩以下的小农户和 500～1 000 亩的小规模农户，且优先服务于小农户。对服务小农户和小规模经营主体的耕、种、防、收全程农业生产托管服务，补贴标准为单季每亩补贴不超过 100 元；以此类推，对服务单个适度规模经营主体的，单季每亩补贴不超过 90 元。该项政策有利于提高天津水稻产业机械化耕种水平，提高小农户和小规模经营主体的种粮积极性，促使小农户扩大经营规模，实现适度规模经营，促进水稻产业良性发展。同时，利用社会化服务机构，有效实现农业生产过程中的标准化和专业化。

（二）最低收购价政策

最低收购价是以政府为主导，旨在保障农民基本收益，稳定农产品市场的一项保护性政策。这项政策自实施以来，在保障农户种粮收入、提高农户种粮意愿、扩大粮食种植面积、提高粮食产量和保障粮食安全等方面取得了显著成效。当稻米的市场价格低于临时收储价格时，国家便委托符合一定资格的稻米企业按照国家规定的价格收购农民稻米。通过支持价格托了稻米的市，避免了谷贱伤农的状况，有效地保障了农户的种植收益，促进了粮食产量的增长。

最低收购价于 2004 年出台，2005 年开始启动。近年来，由于农业生产资料和物价上涨，为了保护农民利益，国家不断提高稻米最低收购价。最低收购价政策是现阶段我国在种粮效益偏低情况下保护农民利益的最主要手段，今后一段时期内仍将继续实行，且价格会随着生产成本上涨不断提高。

如表 11-1 所示，从托底政策的价格走势来看，2004—2007 年，稻米最低收购价格水平一直维持稳定的状态，自 2008 年以后，最低收购价格有较大幅度增长。形成这一局面的原因主要有以下两点：第一，2004—2007 年处于最低收购价格政策施行的初步阶段，政府对稻米市场收购最低价格的预判能力不高，价格调整幅度处于摸索阶段。第二，2008 年金融危机之后，国际粮食价格上涨，国内粮食价格同样受到大幅影响，稻米的生产成本增加了，相应带来的是稻米种植农户收入水平的下降。针对这一情况，政府和稻米收购主体达成了共识，决定大幅度提高收购稻米的最低价格。2008—2014 年这 7 年，国家共 7 次提高了稻米最低收购价格，累计增幅达 97%。

表 11-1　2004 年以来稻米最低收购价格统计

单位：元/千克

年份	早籼稻	中晚籼稻	粳稻
2020	2.42	2.54	2.60
2019	2.40	2.52	2.60
2018	2.40	2.52	2.60
2017	2.60	2.72	3.00
2016	2.66	2.76	3.10
2015	2.70	2.76	3.10
2014	2.70	2.76	3.10
2013	2.64	2.70	3.00
2012	2.40	2.50	2.80
2011	2.04	2.14	2.56
2010	1.86	1.94	2.10
2009	1.80	1.84	1.90
2008	1.54	1.58	1.64
2007	1.40	1.44	1.50
2006	1.40	1.44	1.50
2005	1.40	1.44	1.50
2004	1.40	1.44	1.50

数据来源：国家粮食和物资储备局。

水稻最低收购价政策，对于保障农户的基本种植收益和提高农户的种植意愿有着不可替代的作用。支持价格在一定程度上稳定了市场价格的波动，能够保护农户不受市场风险的影响，因此在一定程度上需要继续保留。但这也导致农户对国家支持价格政策有极强的依赖性，造成了农户在资源配置上的单一化，不利于稻米生产结构的调整，无法满足市场需求的变化。因此，需要在满足市场需求、实现种植结构调整与保障农民基本收益之间找到平衡点。

（三）稻米收储政策

稻米临时收储政策是国家保障粮食安全和农户种植收益的一项关键政策，

是粮食收储制度改革中最为关键的一环。农业部农村经济研究中心根据粮食的品种和粮食功能区，选择黑龙江省、湖南省和浙江省作为调研地，进行稻米收储制度实施的主要重点省份，如对于黑龙江的稻米发展而言，2008 年稻米丰收，但中晚稻上市后价格出现下滑，为了保护稻米主产区农民的利益，提高主产区农民种稻积极性，国务院因此出台了临时收储政策以缓冲与调整，同时确保农户基本的种植收益。临时收储政策根据当年新稻的市场价格情况选择启动与否，当市场实际价格高于最低收购价时，则不会启动。临时收储政策从实际结果来看，不仅保障了农户的基本收益，而且是国家调控粮食市场供给和价格的重要手段。粮价过低启动临时收储，粮价过高则投放储备粮以平抑市场价格。

（四）政策性稻米竞价销售政策

2017 年，国家在黑龙江、江西、安徽、江苏进行大米竞价销售试点，拉开了粮食流通市场改革的序幕（表 11 - 2）。稻米竞价销售政策是我国针对稻强米弱市场格局而进行的一次改革，国家有关部门对部分主产区最低收购价稻谷委托加工销售，对粮食加工企业来说是能够以较低成本获取原粮的重要途径。利用这一制度，满足要求的部分粮食加工企业能够以较低的成本获得需要的原粮，以满足生产经营需要。

表 11 - 2　2017—2019 年国家政策性水稻交易结果——以全国为例

生产年份及品种	计划数量 （吨）	成交数量 （吨）	成交比率 （%）	最高价 （元/吨）	最低价 （元/吨）	平均价 （元/吨）
2017 年早籼稻	101 920	25 559	25.08	2 680	2 370	2 475
2018 年早籼稻	318 192	26 831	8.43	2 690	2 420	2 489
2019 年早籼稻	173 970	1 778	1.02	2 475	2 435	2 451
2018 年中晚籼稻	404 459	78 716	19.46	2 710	2 540	2 574
2019 年中晚籼稻	594 347	329 136	55.38	2 815	2 370	2 633
合计	1 600 088	462 020	28.87	2 815	2 370	2 605

数据来源：国家粮食和物资储备局。

以往的粮食加工业在原粮的收购上要同中储粮的粮食储备机构进行竞争，受制于各种因素，稻米加工业往往只能以高出最低收购价或更高的价格进行稻米的收购，加上对稻米要求高，往往在新稻收获期间无法筹集生产经营所需的原粮。而稻米竞价销售制度的出台，有利于改变这一现状，同时能够清理粮库的库存，为下一次的临时收储做准备。稻米竞价销售制度的出台，有利于改变稻强米弱的市场格局，能够保障部分稻米加工业的生产经营需要，对实现稻米产业的良性发展起到了重要作用。但同时这一政策，对参与竞价销售的稻米企业的加工和仓储要求过高，只有部分实力雄厚的稻米加工企业能够满足其要求。

（五）进出口政策

随着国家对粮食安全的重视程度不断提升，加上国际粮食市场的不稳定性加剧，为了保障我国人民的粮食消费，国家对粮食进出口的把控力度在逐渐加大。目前，大米、面粉等粮食是国家限制出口的类型，且稻米出口已经取消了出口退税政策，配额出口必须经过当地政府的允许。目前受国际局势变化的影响，国际粮食市场上粮食紧缺，国家对粮食出口的把控更加严格。同时由于国内外粮食价格倒挂形成的粮食进口现状，我国粮食进口数量仍然处于一个上升阶段。由于我国政府对稻米进口实施关税配额管理，2012—2021 年的配额均为 532 万吨。但在执行过程中，许多民营企业及食品加工业难以获取进口配额。

二、水稻产业扶持的政策推进

（一）一二三产业融合以促进小站稻发展

对于天津市都市农业的定位需求来说，一二三产业融合最重要的是大力发展第三产业，深度挖掘水稻产业的旅游文化价值，借助天津市大型水稻示范园区，打造小站稻休闲观光康养区，建立综合性的水稻展示园区，集水稻的种植、加工、文化发展为一体，借助稻蟹种养结合的养殖模式，进一步提升水稻的田园特色体验、研学游等特色项目吸引力，着力开发小站稻的旅游文化功能，促进小站稻的一二三产业融合发展。

（二）将绿色生态贯穿到水稻种植的方方面面

随着我国经济的发展，居民消费水平和生活质量不断提升，有机食品、有机认证成为更多消费者选择食品的首要原因。对于水稻产业而言，稻米的品质、营养价值是在绿色主食类食品中胜出的主要依据，但到目前为止，稻米产业仍旧缺乏一个明确的认定标准。因此，应大力推广水稻种植的权威土壤测定、施肥方法，以及有机肥的选用、绿色病虫害防治方法，并通过权威机构检测，制定一套消费者认可的生态水稻种植标准。

（三）注重农业技术推广的科学性

随着科学技术的发展，智慧农业在天津市的大力发展，农业技术推广的科学性尤为重要，而适应时代发展的技术推广最有效的方式就是要建立新型的职业种植户的培训体系。创新培训方式和内容，开展多种形式的知识技能培训。天津市虽然是水稻种植的主要城市，但是当地稻作大户的年龄结构并不均衡，对于知识的消化和吸收具有一定的局限性，因此需要创新培训方式和内容。加强绿色生态理念的推广，引导当地的稻作大户改变粗放型、高产型生产的传统观念，使稻谷生产更好地适应粮食市场的需求。

（四）完善水稻的终端销售体系

一直以来政府大力支持的都是水稻的种植端和生产端。但随着电商时代的发展，人们对于商品的质量和终端的销售服务有了更多的要求。要对稻谷终端销售的服务体系进行完善，卖出稻谷不等于销售结束，更重要的是稻谷销售之后的服务。对售出稻谷进行定期回访，对生产的稻米产品定制说明书，包括对稻米的产地、品种、蒸煮时间都有详细的说明及建议，不仅可以保证稻米消费者对稻米买得放心，而且可以吃得放心。

稻米作为主食类产品，消费人群年龄阶层和职业各不相同，稻米的终端销售应该根据年龄层次和职业的不同提供营养成分、品种选择不同的大米，实现价格、包装、品种的多元需求满足。完善水稻的终端销售体系，提高稻米销售的服务质量，有利于形成天津特定的稻米口碑，进而提升消费者对天津稻米的忠诚度。

第十二章 天津水稻产业发展对策与展望

一、提高天津以水稻为主的粮食安全保障能力的对策建议

（一）加快农作物供给侧结构性改革，保证天津粮食的产能安全和结构安全

1. 基于"四区两平台"建设，调整粮食与经济作物种植结构

"四区两平台"建设是国家全面落实《京津冀现代农业协同发展规划（2016—2020 年)》，深入推进天津市农业供给侧结构性改革，进一步提升现代都市型农业发展水平的重要举措。其中建设国家级现代都市型农业示范区是以菜、渔、花、果四大领域为重点，以设施化、集约化为主要内容，支持建设一批绿色、高档、精品"菜篮子"产品生产基地。基于此，调整粮食与经济作物种植结构，既要保证"菜篮子"产品有效供给能力明显提升，又要保证粮食产能和结构安全。

2. 以市场需求为导向，整合资源优势，调整粮食种植结构

在多元化、个性化消费时代，单一和不稳定的粮食种植结构很难满足市场需求。一是适当增加红小豆和小杂粮的种植面积。随着人们对粮食消费的多元化，红小豆和小杂粮等粮食作物市场需求越来越多，溢价能力远高于传统种植的玉米等粮食作物，同时天津红小豆在国内外市场的知名度较高，目前日本、韩国和国内一些大的批发市场对天津红小豆的需求量较高，其货源大多来自河北廊坊，而天津盛产红小豆的武清区和静海区的产量极少。二是基于天津小站稻振兴战略，调整粮食作物种植结构。近两年来由于玉米市场放开，传统玉米种植给农民带来的收入极少，相对于天津小麦和大豆，天津小站稻市场影响力较大，也是人们消费的重要主食之一，天津市委、市政府高度重视天津小站稻的发展，实施天津小站稻振兴战略，2020 年天津小站稻种植面积达到100 万亩，根据市场需求适当缩减玉米和大豆的种植面积。

（二）加快粮食经营主体改革，推进粮食产业规模化发展

目前，从三种粮食作物经营主体的粮食作物播种面积比例来看，普通户、规模户和农业经营单位三者粮食播种面积之比为 71.49：14.22：14.29；小而散的粮食经营方式不利于形成规模经济效应，也影响粮食产业的可持续发展。2013 年中央 1 号文件指出，鼓励发展家庭农场、合作社，并允许工商企业进入农村。结合天津特点和市场需求，需加快粮食经营主体的改革。建议将普通户、规模户和农业经营单位三者粮食播种面积之比调整为 40.49：25.22：34.29，主要依据既能实现天津粮食生产的规模化和机械化，又能实现粮食的无害化、绿色化和有机化（天津农业经营单位生产粮食的无害化、绿色化和有机化程度较高）。

（三）完善粮食品牌建设基础，建立生态补贴机制，确保粮食品质安全

1. 完善粮食品牌建设基础——以小站稻为例

第一，加强种源控制，实现良种化。水稻品种是水稻品质的重要标志之一，如新潟大米凭借种植环境上的优势脱颖而出，从 1989 年开始，每年都被日本谷物检定协会评选为特 A 级大米，成为享誉世界的日本大米区域品牌。其对种源控制非常严格，日本从大米种子培育开始便非常重视，在明治维新以后，日本就引入了遗传学，开始对水稻种子进行改造，经过长期的探索才有了越光米、秋田小町等品种，而种子由于是杂交所得，其基因容易产生变异。因此日本对于种子的管理非常严格，每一批种植的种子都需要经过 4 年左右的培养以保证其在种植过程中不产生变异，保证出产大米的质量。天津小站稻种源多达十几种，可经过专家、消费者等多方的鉴定、品尝，确定适合小站稻特色的一两个品种，保证天津小站稻品质的特色及稳定性。

第二，建立天津市小站稻质量安全追溯和监管信息平台。为确保天津小站稻的品质安全，需落实企业主体责任和便于监管部门监管，建立数据交换机制，加强研究成果共享。由市农委种业办牵头组织，利用区块链技术，建立天津市统一的小站稻质量安全追溯和监管信息平台。该平台由政府对天津小站稻企业的监督管理平台、企业对小站稻追溯管理平台、第三方品质检测控制平台和消费者查询平台四部分构成。平台实行一物一码产品标识技术，通过二维码或条形码实现追溯产品生产信息及流通，让生产者行为可追溯，消费者选择可识别，监管部门对天津小站稻生产、流通、消费等情况实施全方位监管，从而起到保护小站稻品牌的作用。

第三，提升天津小站稻管理层级，健全管理体系。为更好从全市角度整合

农业资源，拓宽品牌发展空间，由市农委种植业办牵头，有关处室参加，协调市编办、津南区，将天津小站稻品牌由区级管理（天津市津南区农业技术推广服务中心）提升为市级管理，将天津优质小站稻开发中心（事业单位）由区农委管理改为市农委种植业办管理，并在此基础上组建天津小站稻品牌协会，负责天津小站稻品牌的运营与管理。

2. 在原粮食补贴机制下，建立生态补贴机制

一是基于生态种植方式的生态补贴机制。即对于立体种养，如稻鳅养殖、稻蟹养殖等，若使粮食减产，对减产的损失给予一定的补贴。二是基于粮食产出品质的生态补贴机制。对生产出的经过官方认证的"三品一标"粮食产品，给予奖励性补贴。将粮食生产与生态紧密联合在一起，有效控制内外源污染，营造良性循环的农业生态环境，实现粮食生产的生态效应、农村经济效应和社会效益的协调统一，形成粮食生产安全的可持续发展。

二、小站稻品牌重塑的对策建议

（一）完善品牌建设基础，提升品牌品质，满足"高、精、特"市场需求

我国大米高库存，且近年来进口有增长趋势，说明大众米类已经基本实现了供需平衡，人们对高端、精品、特色大米需求日趋旺盛。

1. 鼓励质量认证，加强证后监管，提升认证等级

一是鼓励小站稻经营主体对其产品或基地进行绿色食品和有机食品认证，对已认证的农业经营主体给予一定的财政支持，减少其认证资金负担。二是制定证后监管政策措施，如对"两品认证"的产品和基地进行现场监管、质量检测等。三是鼓励已取得"两品认证"的农产品参加 HCCAP、GAP 等国际认证，使小站稻品质与国际市场要求接轨，为小站稻进入国际市场奠定基础。

2. 鼓励企业建立全产业链溯源体系，制定全产业链标准，倒逼品质提升

一是基于目前天津小站稻溯源体系不完善的特点（多数溯源内容仅为企业和产品简介），鼓励企业建立基地、生产、加工、物流和销售等全产业链溯源体系，实现"定基地、定产销售"，并对已建立全产业链溯源体系的经营主体给予一定的补贴。评选"标杆企业"，并在全市进行示范、推广。二是将产业链标准与溯源体系紧密结合，实现水稻全产业链的规范化管理，倒逼品牌农产品品质提升，满足消费者追根溯源等需求。

3. 加强政策支持，提升小站稻产销综合能力

受耕地资源及水资源短缺等因素的制约，目前天津小站稻产能扩充能力不足，市场宽度不够，在培育与发展小站稻方面急需有力的政策支持。一是提高

良种覆盖率。聘请水稻育种专家，对水稻经营主体进行培训，使其学习优质种源相关知识，提高其对良种的认知度。二是提升小站稻的冷藏储运能力。基于天津小站稻营养流失率高的缺点，鼓励并基于财政支持企业建立低温冷藏仓库，提升小站稻的冷藏储运能力，减少营养流失。三是协助企业拓宽销售渠道，为天津小站稻健康可持续发展提供充足的发展后劲。整合政府、社会和群众的力量，多途径、多手段协助企业开拓小站稻销售渠道，让产品产销有序发展。

（二）规范商标管理，建立品牌的保护与评价机制

1. 规范"小站稻"的商标管理，提高"协会"的组织管理能力

借鉴五常大米的做法，一是在包装商标使用上，小站稻商标与企业商标在相互兼容、相互促进、协同发展关系的基础上，实行标志证明商标的许可证制，允许经营主体在包装上的指定位置印刷小站稻商标，但要求企业必须接受协会的管理，企业必须把包装印制企业资质、包装设计样稿、包装印制数量规格、包装印制实物上报协会备案。二是从源头上保证天津小站稻的内在品质，支持企业建设绿色、有机产品基地，在生产过程中坚持统一优良品种、统一生产操作过程、统一投入品供应使用、统一田间管理、统一签单回收销售的"五统一"标准规程，确保产品品质。

2. 尽快建立品牌的保护与评价机制

一是制定天津小站稻品牌保护行动方案，商标所有权单位在工商部门的协助下，对假冒伪劣的行为"严罚严处"，提高失信成本，防止"公地灾难"事件产生。二是建立《天津小站稻品牌目录制度》。依托"三农"大数据平台或建立天津小站稻品牌网，建立天津小站稻品牌目录，目录与品牌经营主体实时互动，在市农业农村委监管下，由品牌经营主体对小站稻的品牌化建设基础等信息定期更新，为消费者购买到"真品牌"提供保障。三是定期（通常为一年）对天津小站稻品牌进行量化评价。借鉴国家、山东省做法，针对天津农业和品牌发展特点，制定天津小站稻品牌评价指标，评价指标尽量与国家接轨，通过品牌评价，找准品牌发展过程中的痛点、难点，挖掘影响因素，提高天津小站稻品牌发展总体水平，为培育国内、国际知名品牌奠定基础。

（三）提高宣传推介的深度与广度，提高品牌影响力和认知度

1. 开拓中青年人消费群体，培养青少年消费习惯

一是聘请专业团队，挖掘小站稻自然资源和人文资源（包括历史、人文故事、证明商标、种源等），从天津小站稻全产业链的角度，打造小站稻漫画形象、漫画故事及小站稻故事片，注重小站稻营销过程的故事化、趣味化，利用

短视频、网站、软文、微博、自媒体等方法，做好全网营销，培养年轻顾客群体，并将小站稻品牌推广至全国目标客户。二是借助学生农事教育活动，让青少年深入了解体验小站稻生产过程，扩大影响力，培育年轻消费群体。

2. 多途径多手段宣传推介，扩大影响力

一是在京津冀主销市场或依托农交会召开地点，召开小站稻峰会，扩大受众群体。二是在京津冀协同发展战略下，将天津小站稻销售渠道下沉，在北京开设专卖店，让天津小站稻与高端市场无缝对接。三是采用"母子"品牌架构，将天津小站稻市级品牌与宝坻和宁河区县级大米品牌共同打造，以"集团军"方式作战，提升天津小站稻整体品牌知名度。四是完善线上销售渠道。第一批重点扶持5个左右企业入驻京东、淘宝等电商平台，打造小站稻官方旗舰店，扩大影响范围，保证消费者在多媒体平台、展会等渠道看到小站稻宣传片后，能够更加方便快捷地购买到正宗小站稻。各电商平台小站稻产品应各有侧重，避免恶性竞争。五是以全域旅游为载体，发展旅游地小站稻品牌，扩大影响力与提高知名度。首先，在杨柳青古镇、五大道文化、航母主体公园、黄崖关长城等全域旅游景区、景点和民宿开设天津小站稻专区（柜、店），实现产供销一体化。其次，开设旅游地体验中心，让小站稻品牌与消费者互动，赢得消费者心智。让游客了解、体验、采购，切实把小站稻品牌做精、做强，从而打造小站稻品牌形象，让小站稻与旅游地深度融合，提高小站稻品牌的知名度，提高品牌价值。

三、天津水稻产业未来发展思路

我国十分重视水稻产业的发展，天津作为水稻主产区之一，未来将会迸发出更多的发展活力，以下为具体思路。

（一）扩大优质水稻种植面积，走"小、精、尖"发展道路

天津作为土地和水资源都稀缺的城市，发展农业就要走高质量发展之路，实现由增产导向向提质导向转变，不仅对农业科技和农产品销售提出了更高的要求，也对农户种植思维、营销思维转变提出了更高的要求。此外，天津本地水稻种质资源较少，可以结合天津本地自然环境和品种需求开发出具有天津本地特色的优质、抗逆水稻新品种，通过大面积示范推广在种质资源方面实现可持续发展；创新产业模式，积极推进"鸭稻共作""鱼稻共生""蟹稻共育"等共生模式，增强产品的功能性、观赏性和参与性，突出小站稻的特色，以产业融合带动产业模式的创新。通过产业模式所带来的收益，带动农户扩大优质水稻的种植面积，积极参与水稻产业结构升级，实现"小、精、尖"良性发展。

（二）促进水稻深加工产业链的完善和发展

当前水稻产业主要以稻米加工为主，水稻副产品如稻糠、碎米主要作为饲料卖给饲料企业，秸秆主要卖给造纸企业，产出收益不高。开展水稻产业深加工，以稻米为主要原料，开发以小站稻为主体的高端食品，如糯米糕、糯米雪媚娘等休闲食品，一方面要进行食品创新，稻米加工企业积极进行产品研发，另一方面要解决关键技术、食品安全平台、成果转化与服务等领域的基础和应用技术难题。依托当地的稻米龙头企业进行开发和研究，形成优质小站稻加工产业"技术＋安全＋平台"的协同创新体系。以稻米为主要原料开发食品加工有着广阔的市场，它可以把粗粮变为细粮，把生米变为熟食，把淀粉转化为糖果、糕点、酒类等，从而形成以小站稻种植为核心的多样化的产业模式，不仅可以提高天津本地食品加工和创新能力，还可以增加小站稻的产品附加值，提升核心竞争力。

（三）打造稻米知名品牌，推进品牌创建

品牌是产品市场的象征，是消费取向的直观反映，一个好的品牌是成功的一半。品牌代表的不仅仅是外在的影响力，更彰显了稻米的优质、高质，还是获得消费者信任的一种凭证。天津水稻要想其信誉获得效益、赢得市场，成为竞争中的胜利者，就要打造专属品牌，如建立一批品牌农产品精品馆及展示销售中心，举办天津优质农产品展销会、推介会，集中推介"北大荒"等一批区域性公共品牌。目前，大部分企业开始走精品之路，精包装高端米是米业公司未来的发展方向。五常稻花香、牡丹江响水等特殊产地的优质米，被赋予绿色、有机和精品小包装后，身价倍增，如五常中良美裕的有机大米在北京等高端市场每千克最高卖到 112 元。

（四）借助数字化信息技术，创新销售体系

随着大数据的推广与普及，天津农业数字化建设不断发展，出现了运用数字化工具网络销售平台、订单农业，以及抖音、快手、淘宝等一系列"直播带货"平台的创新模式，使线下实体销售走向线上交易，新型网络销售方式可以强化消费者对天津大米品牌的认知，同时能够给天津水稻产业的发展带来新机遇。通过新农人计划，选取合格的农产品代言人，选用合适包装的稻米，通过网络红人去挖掘天津大米地理标志品牌的特色与优势，与销售平台开展战略合作，建设标准示范基地，实现平台销售一体化，最大限度地缩短农户和消费者的距离。

参 考 文 献

曹皎皎，2017. 粮食安全视角下马铃薯主粮化研究 [D]. 南京：南京审计大学.

陈磊，张春霞，2013. 农业龙头企业带动农户效率的影响因素分析：基于福建省 87 家龙头企业面板数据随机前沿函数分析 [J]. 福建农林大学学报（哲学社会科学版），16 (6)：57.

陈秀明，2012. 基于粮食生产安全的黑龙江省农业可持续发展评价研究 [D]，哈尔滨：东北林业大学.

陈艳君，2012. 试谈粮食安全与农业结构调整 [J]. 粮食与油脂 (6)：41-43.

董延涌，2014. 稻米产业竞争力问题研究：以盘锦市为例 [J]. 农业经济 (8)：10-12.

冯志强，2012. 粮食安全与农业结构调整 [J]. 中国粮食经济 (4)：12-13.

高海生，2018. 中粮依靠品牌战略开拓大米市场 [J]. 食品科技 (5)：74-75.

高建军，2013. 基于地理标志的黑龙江省大米区域品牌整合研究 [J]. 当代经济 (15)：23-25.

高杰，李南钟，2017. 实施品牌战略　发展延边大米 [N]. 延边日报 (10)：23-25.

龚娅萍，朱海波，2012. 宁夏大米产业化发展的思考及建议 [J]. 中国农学通报，28 (26)：131-134.

侯瑞娟，2010. 打造黑龙江省农产品特色品牌的对策分析 [J]. 企业活力 (9)：25-26.

黄璐，张洪烈，2014. 柬埔寨发展稻米产业吸引中国企业投资的环境及对策研究 [J]. 经济研究导刊 (9)：49-50.

焦健，2011. 美国的农业合作社 [J]. The Chinese cooperative economic review：53.

蓝芳，2013. 拔出萝卜：人才土壤——天津市曙光沙窝萝卜专业合作社见闻 [J]. 求贤 (11)：28-30.

李晶钰，2017. 吉林省粮食产能预警系统建设问题研究 [D]. 长春：吉林大学.

李明贤，樊英，2013. 不同经营模式的农民专业合作社经营效果比较研究：基于湖南省浏阳市三家典型蔬菜合作社的研究 [J].

李尚君，2018. "盘锦大米"品牌发展与战略 [N]. 盘锦日报 (8)：41-42.

李中华，2002. 日本《农业协同组合法》的解读与初探 [J]. 农业经济，12：26-27.

梁伟森，方伟，杨万江，2017. 基于熵值法的广东省地级市粮食生产安全评价研究 [J]. 南方农村 (4)：47-51.

辽宁日报，2016. 盘锦大米品牌价值荣登全国大米品牌榜首 [J]. 农村百事通 (23)：63-65.

刘建国，2013. 刘建国委员代表静海县政协发言：扶持农民专业合作社发展　促进农业增效农民增收 [J]. 天津政协，7：12.

刘宇翔，2006. 农业合作经济组织模式研究 [D]. 咸阳：西北农林科技大学.

罗光强，刘纯阳，刘白石，2009. 新型粮农行为对粮食生产安全影响的研究 [J]. 调研世界（11）：6-9.

钱富灵，2016. 我国大米加工行业发展现状及展望 [J]. 食品安全导刊 (12)：24-25.

舒高勇，2006. 借鉴欧洲农业保险发展经验探索中国特色农业保险发展模式 [J]. 保险职业学院学报 (4)：42-46.

田园，2013. 我国大米国际竞争力分析及提升对策：基于与泰国的比较 [J]. 经济问题（6）：56-58.

佟光霁，邢策，焦晋鹏，2017. 新常态下粮食主产区粮食生产安全的保障措施研究 [J]. 学习与探索 (9)：131-136.

童彦，朱海燕，施玉，2015. 基于人粮关系的云南粮食产能安全动态分析 [J]. 亚热带水土保持 (3)：19-22.

伍梅，2005. 对农民专业合作经济组织利益机制的探讨 [J]. 中国科技信息 (9B)：67-67.

辛焕平，刘丽辉，2018. 广东粮食生产与农业结构调整的协调性分析 [J]. 佛山科学技术学院学报（社会科学版）(1)：63-70.

邢志华，胡永宏，2000. 农业产业化的利益机制分析及策略 [J]. 农业经济，5：20.

徐彦，2017. 我国大米加工业现状及发展趋势分析 [J]. 农业展望 (9)：31-32.

杨春刚，肖永峰，等，2011. 吉林省稻米产业现状及展望 [J]. 北方水稻 (3)：45-46.

杨凤敏，2010. 广西粮食生产安全问题与对策 [J]. 西南农业学报，23 (5)：1746-1749.

杨丽艳，2007. 国外农民合作社发展模式与经验借鉴 [J]. 现代农业科技 (13)：230-232.

于德运，曲会朋，2016. 新常态下我国粮食生产能力安全的多维度变化及政策取向 [J]. 中共宁波市委党校学报 (1)：117-123.

俞家海，2015. 泰国稻米产业与国家现代化 [J]. 农业开发与装备 (11)：23-24.

张昌礼，2013. 实施品牌战略发展大米产业 [J]. 中国粮食经济 (1)：23-25.

张红宇，2014. 农民合作社发展迎来又一个黄金期 [J]. 中国农民合作社 (2).

张玲惠，2018. 基于农业生产视角的粮食安全思考 [J]. 粮食科技与经济 (1)：52-54.

赵慧峰，李彤，2008. 农民专业合作社利益分配机制研究 [J]. 中国农业会计 (1)：24-25.

周博，翟印礼，钱巍，等，2015. 农业可持续发展视角下的我国粮食安全影响因素分析 [J]. 农村经济 (11)：15-19.

朱湖英，2017. 农业供给侧改革背景下的粮食质量安全研究 [D]. 湘潭：湘潭大学.